Rainer Däbritz/Wolfgang Quinger · Von der Fregatte zum Vollschiff

HEDEWIG ELEONORA
und
ALT MECKLENBURG

Rainer Däbritz
Wolfgang Quinger

Von der Fregatte zum Vollschiff

HEDEWIG ELEONORA und ALT MECKLENBURG

VEB Hinstorff Verlag Rostock 1987

Däbritz, Rainer:
Von der Fregatte zum Vollschiff
Hedewig Eleonora u. Alt Mecklenburg /
Rainer Däbritz; Wolfgang Quinger. – 1. Aufl. –
Rostock : Hinstorff Verlag, 1987. – 136 S.:
zahlr. Ill., graph. Darst. – (Blaue Reihe)

ISBN 3-356-00083-7

1. Auflage 1987. Lizenz-Nr. 391/240/29/87
Printed in the German Democratic Republic
Ausstattung: Heinz Holzgräbe
Herstellung: Offizin Andersen Nexö,
Graphischer Großbetrieb, Leipzig III/18/38
Bestell-Nr. 522 853 5

[redacted]

Inhaltsverzeichnis

Vorwort

Den Anlaß, dieses Buch zu schreiben, gaben uns Akten des 17., 18. und 19. Jahrhunderts aus dem Stadtarchiv Wismar. Eine systematische Suche, unter Einbeziehung von Materialien des Rostocker Stadtarchivs, ermöglichte es uns, Zusammenhänge von Ereignissen und frühe Nachweise über die Tätigkeit von Schiffbaumeistern, Schiffern und Reedern zu finden. So erfuhren wir die interessante Tatsache, daß bereits im Jahre 1664 in Wismar ein Kauffahrteischiff gebaut wurde, das als Fregatte bezeichnet wurde. Dieses Schiff, DER JÄGER genannt, hatte leider nur eine Einsatzzeit von einem Jahr. Es ging durch Strandung in der Ostsee verloren. Erhalten blieb der Baukontrakt, abgeschlossen mit einem aus Holland stammenden Schiffszimmermeister, der uns eine Vorstellung vermittelt, wie dieses Schiff einmal ausgesehen hat. Daneben wurden umfangreiche Unterlagen zu dem 1784 von einem schwedischen Schiffszimmermeister in Wismar gebauten Fregattschiff HEDEWIG ELEONORA eingesehen. Während nach 1813 in Wismar keine Fregattschiffe mehr in den Schiffslisten geführt wurden, entstanden in Rostock erst 1856 zwei vollgetakelte Schiffe aus Holz. Eines davon war das Vollschiff ALT MECKLENBURG, das in diesem Buch näher vorgestellt werden soll.

Mit der Wiedergabe der amtlichen Unterlagen, einer Beschreibung der Schiffe sowie dem Versuch der Rekonstruktion und zeichnerischen Darstellung möchten wir dem Leser und Modellbauer einen kleinen Teil der über dreihundertjährigen Entwicklungsgeschichte der Fregatten und Vollschiffe vorstellen. Gleichzeitig ist beabsichtigt, Leistungen von Schiffbauern und Werften, von Schiffern und ihren Mannschaften sowie Ereignisse um Schiffe in Erinnerung zu bringen.

Zur Entstehung der Fregatten

Wenn der maritim interessierte Leser auf den Begriff *Fregatte* stößt, denkt er vielleicht zuerst an ein modernes, schnelles und relaiv stark bewaffnetes Schiff, das heute in fast allen Kriegsmarinen zum Bestand des jeweiligen Flottenpotentials gehört. Die Bezeichnung *Fregatte* ist schon über 400 Jahre in Gebrauch, galt aber zuerst nur für einige Schiffstypen des Mittelmeeres und erst seit dem 17. Jahrhundert für einen neuen Schiffstyp.

Die Begriffsbestimmung für eine *Fregatte* ist aus der Literatur des 16. Jahrhunderts bekannt. So bezeichnet Furttenbach eine *Fregata* als ein schlankes Schiff mit zwei umlegbaren Masten, Lateinsegeln und 10 Rudern. Durch Leonhard Fronsberger wird aus dem Jahre 1565 in seinem »Kayserlichen Kriegsrecht« überliefert, daß er auf der Donau ein Schiff als eine *Fregaten* sah, welches »nit so vollkommenlich und stark als ein *Bergantin* oder ein *Fusten*«. Nur sechs Jahre später, als 1571 die Seeschlacht bei Lepanto stattfand, kam es zur erneuten *Erwähnung* von Fregatten. In der Flotte der »Christlichen Liga« sollen unter Don Juan de Austria 40 Fahrzeuge, als *Fregatten* oder *Jachten* bezeichnet, dabei gewesen sein. In jedem der drei genannten Beispiele scheint es sich um ein relativ kleines, schnelles und wendiges Schiff gehandelt zu haben. In anderen Quellen wird die *Fregatte* des 16. Jahrhunderts als kleine Galeere mit einem Mast, Lateinsegel und 6 bis 12 Ruderbänken angegeben. Auch ein arabisch-algerisches Ruder-Segelschiff von etwa 15 m Länge mit zwei lateingetakelten Masten wurde als *Fregata* bezeichnet. Diese Definitionen beziehen sich alle auf den Typ der Mittelmeerfregatte. Ihr Bestand ging im 17. Jahrhundert stark zurück. Daraus ist zu schlußfolgern, daß die zu Beginn des 17. Jahhunderts als *Fregatten* bezeichneten kleinen, dreimastigen, schnellen Schiffe mit 6 bis 12 Geschützen auf einem durchlaufenden Batteriedeck als ein anderer Schiffstyp angesehen werden müssen. Nur der schlanke Schiffskörper und die teilweise noch vorhandene Ausrüstung mit Riemen zum Rudern könnte auf eine Verwandtschaft mit den Mittelmeerfregatten und -galeeren schließen lassen.

E. Taillemile nimmt in seinem Buch »Les Grands Volliers« Bezug darauf, daß die Bezeichnung *Fregatte* auch für eine bestimmte Art schneller, gut bewaffneter Handelsschiffe verwendet wurde. Diese Schiffe führten bis zu 30 Kanonen und konnten auch »ohne Wind«, das heißt durch Ruderkraft, fortbewegt werden. Mit solchen *Fregatten* sollen die bretonischen Seefahrer, namentlich die von St. Malo, Morlaix und Roscuff, den Atlantischen, den Pazifischen und den Indischen Ozean befahren haben.

In der zweiten Hälfte des 19. Jahrhunderts wurden die drei- und mehrmastigen Segelschiffe mit Rahsegeln an allen Masten einfach als *Vollschiffe* oder auch nur als *Schiffe* bezeichnet. Für die *Fregatten* des 17. und 18. Jahrhunderts müssen neben der Takelung, Schiffsgröße und Bauart vor allen Dingen die Stärke der Bewaffnung und zum Teil auch der Einsatzzweck als Unter-

Fig. 1 Fregatte BERLIN, gebaut 1674 in Zeeland

scheidungsmerkmal zu anderen Schiffen beachtet werden.

Eine Anzahl Schiffstypen, die älter als die *Fregatten* und in begrenztem Rahmen als ihre Vorgänger anzusehen sind, sollen kurz vorgestellt werden, da sie zu einer Zeit existierten, als sich die Fregatte zum speziellen Schiffstyp entwickelte. So war Mitte des 16. Jahrhunderts in England aus den schwerfälligen *Galeonen* ein wesentlich kleineres, leichteres Schiff entstanden, niedriger gebaut und besser besegelt; durch eine Bestückung mit größeren Kanonen war es anderen Schiffen im Kampf überlegen. Bei einer Länge von 50 bis 60 m betrug die Verdrängung 500 bis 600 t. Diese Schiffe wurden *Galionen* genannt. Sie hatten vier Masten, davon zwei Masten mit drei Rahsegeln und an den beiden anderen Masten Lateinsegel. Es sind aber auch Abbildungen überliefert, auf denen zu sehen ist, daß in der weiteren Entwicklung der Takelage das Besanmars-Lateinsegel wegfiel und auf dreimastigen Schiffen über dem Lateinsegel des Besanmastes das Besanmarssegel zwischen zwei Rahen gesetzt wurde. Die englische Galione behauptete sich über einen Zeitraum von etwa 200 Jahren, was für ihre Vorzüge spricht. Ein weiteres typisches Schiff des betreffenden Zeitraumes war die *Fleute*. Im Jahre 1595 waren die ersten Fleuten in der holländischen Stadt Hoorn gebaut worden. Die Fleute, ein Frachtschiffstyp, entstand aus der Notwendigkeit, die umfangreichen Aufgaben des holländischen Handels zwischen Europa und Übersee zu erfüllen. Auch die holländische Walfangflotte bestand zum größten Teil aus Fleuten. Ihre Verbreitung in Holland und in den nordeuropäischen Ländern sowie eine führende Stellung unter den Schiffstypen bis in das 18. Jahrhundert hinein verdankte die Fleute der gelungenen Abstimmung von Form und Abmessungen, den günstigen Proportionen und der Linienführung des Rumpfes. Hinzu kam eine einfach zu handhabende Takelung ihrer drei Masten. Charakteristisch für eine Fleute war das Rundgatt und die stark eingezogenen Bordwände, besonders im Achterschiff. Die Schiffslänge lag zwischen 30 und 45 m. Die Fleute hatte als Frachtsegler nur die zur damaligen Zeit für das jeweilige Einsatzgebiet notwendige Bewaffnung.

Das *Pinaßschiff* ähnelte der Fleute, hatte aber ein bis unter die Wasserlinie reichendes Spiegelheck und eine Heckgalerie. Die Schiffslänge betrug etwa 35 m, die Bewaffnung anfangs 18 später 30 Geschütze. Große Pinaßschiffe von ca. 45 m Länge bildeten den Hauptbestand der holländischen Ostindienfahrer. Von den drei Masten waren Fock- und Großmast mit zwei, später drei Rahsegeln und der Kreuzmast* mit Lateinsegel und einem Rahsegel getakelt. Am Bugspriet wurde die Blinde, am Sprietmast die Oberblinde gefahren. Diese Beschreibung zeigt die nahe Verwandtschaft der Fregatte zum älteren Pinaßschiff, und in einigen Veröffentlichungen über die Entwicklung des Schiffbaues wird das Pinaßschiff des 16. und 17. Jahrhunderts direkt als Vorgänger der Fregatte bezeichnet.

Die Entstehung und Verbreitung der *Fregatten* im Gebiet des Kanals und der Nordsee war eng mit dem Kaperwesen der Dünkirchener verbunden. Besonders die Holländer hatten unter dieser Piraterie zu leiden, so daß sie zum Schutz ihrer Handelsschiffe ebenfalls Fregatten bauten. Dadurch bekam die Fregatte ab Mitte des 17. Jahrhunderts ihren Platz unter den Typen der anderen größeren Orlogschiffe. Im 18. Jahrhundert kam es dann auch bei den Holländern zur Übertragung der Erfahrungen des Fregattschiffbaues auf den neueren Typ des holländisch-ostindischen Kompagnieschiffes. Dabei ist zu beachten, daß es keine direkte Ablösung des einen Schiffstyps durch den anderen gegeben hat. Das Neue entwickelte sich gezielt für einen bestimmten Einsatzzweck und durch die Anwendung von neuen Erkenntnissen und Erfahrungen, so daß ähnliche Schiffstypen oft über einen längeren Zeitraum gleichzeitig bestanden.

* Die Bezeichnung Kreuzmast wurde erst im 19. Jahrhundert allgemein für den bis dahin auch bei Vollschiffen gebräuchlichen Namen Besanmast eingeführt.

Seemacht und Segelkriegsschiffe

Im 15. Jahrhundert hatten die Seereisen der portugiesischen und spanischen Entdecker eine Epoche eingeleitet, in der Kolonialbesitz und Sicherung dieses Besitzes durch eine starke Flotte Voraussetzungen zur Macht waren. Das Kolonialreich Spaniens reichte Ende des 16. Jahrhunderts von der Westküste Afrikas bis zu den Philippinen und von der südlichen Küste Nordamerikas bis zu den Inselgruppen und Küsten Mittelamerikas. Außer den portugiesischen Kolonien in Brasilien gehörte auch Südamerika den spanischen Eroberern. Kriegerische Auseinandersetzungen um die Seemacht fanden, ebenso wie die Plünderung von Handelsschiffen und die Zerstörung von Kolonialstützpunkten, immer häufiger statt. Dabei wuchsen auch die Anforderungen an den Schiffbau des 16. und 17. Jahrhunderts in Bezug auf Größe, Seetüchtigkeit, Manövrierfähigkeit und besonders auf die Bewaffnung der Schiffe. Nach dem mit großen Verlusten verbundenen Mißerfolg der spanischen Armada im Jahre 1588 und nach dem Überfall der englischen Flotte unter Francis Drake auf spanische Hafenanlagen und Schiffe im Jahre 1589 war die Seemacht Spaniens gebrochen.

Das Streben nach Eroberung neuer Kolonien, wenn es sein mußte auch aus dem spanisch-portugiesischen Erbe, die Aufnahme geregelter Handelsbeziehungen und deren Organisation, zum Beispiel durch die Vereinigte Ostindische Compagnie der Niederlande (1602) und die englische Ostindien-Kompanie (1600), bestimmten die weitere Entwicklung. Eine führende Stellung nahm Holland ein, der Aufstieg Englands hatte begonnen, und auch das von spanischer Vormundschaft befreite Frankreich gewann schnell an Bedeutung. Diese drei Länder nahmen zur Durchsetzung ihrer Interessen den Kampf um die Seeherrschaft trotz der hohen Kosten zum Bau und zur Unterhaltung starker Flotten immer wieder auf. In den drei englisch-holländischen Kriegen im Zeitraum von 1652 bis 1674 kam es ebenso zu zahlreichen Seegefechten wie in den weiteren Auseinandersetzungen zwischen der englischen und englisch-holländischen Flotte gegen Frankreich; nicht zu vergessen das immer noch weit verbreitete und sehr wirkungsvolle Kaperwesen.

Um die Mitte des 17. Jahrhunderts besaßen die Niederlande 16 000 Schiffe, von denen 6000 in der Ostseefahrt eingesetzt waren. Für England werden in den Quellen 4000 und für Frankreich 300 Kauffahrteischiffe angegeben. Der überwiegende Teil dieser Schiffe war für den Seehandel gebaut worden und hatte unter den neuen Bedingungen, trotz einer mehr oder weniger starken Bewaffnung, nicht die zur Führung von Seegefechten nötigen Eigenschaften. Aus diesem Grund wurden in den ersten drei Jahrzehnten des 17. Jahrhunderts Voraussetzungen zum Bau einer großen Anzahl schwerbewaffneter Segelkriegsschiffe geschaffen.

Besonders der englische Schiffbau entwickelte sich zu dieser Zeit. Als Vorbild dienten dabei häufig spanische, holländische und später auch französische Schiffe, von denen die besten Eigenschaften übernommen wurden. Phineas und Peter Pett sind als Konstrukteure und Erbauer bedeutender englischer Schiffe bekannt geworden. Die ROYAL PRINCE, Baujahr 1610, mit 1200t Verdrängung und 64 Kanonen zählt dazu. Die Hauptabmessungen von 42m Länge, 16m Breite und 7m Tiefgang entsprachen den für die Royal Navy gültigen Bauregeln. Ein Schiff außergewöhnlicher Größe war die 1637 gebaute SOVEREIGN OF THE SEAS, später ROYAL SOVEREIGN.

Länge des Kiels	38,70m
Länge des Kanonendecks	52,70m
Länge über alles	71,00m
Breite	14,20m
Tiefe im Raum	5,90m
Konstruktionstiefgang	5,90m
Tiefgang, beladen	6,75m
Verdrängung	1637t

insgesamt 104 leichte und schwere Geschütze

Baukosten 40000 Pfund Sterling, davon 10000 für Verzierungen

Die 104 Kanonen waren erstmalig auf drei durchlaufende Decks verteilt. Ein Teil der Takelage und der Aufbauten wurde im Laufe der Zeit verändert, um die Stabilität des Schiffes und seine Segeleigenschaften zu verbessern.

Auch die französische LA COURONNE muß zu den bedeutenden Segelkriegsschiffen der damaligen Zeit gezählt werden. Sie wurde 1636 in Roche-Bernard von dem Schiffbauer Charles Morien gebaut.

Länge des Kiels	38,95m
Länge in der WL	50,70m
Länge über alles	70,00m
Breite auf Spant	14,29m
Raumtiefe	6,00m
Tiefgang	5,40m

Geschütze 48, davon 14 x 36 Pfd., 2 x 24 Pfd., 26 x 18 Pfd., 3 x 8 Pfd., 3 x 4 Pfd.
Besatzung 617 Mann
Baukosten 500000 Goldfranken

Ränge und Klassen

Nachdem es bereits ausgangs des 16. Jahrhunderts bei den Engländern eine Einteilung ihrer Segelkriegsschiffe nach der Wasserverdrängung in große (800 bis 1200 t), mittlere (600 bis 800 t) und kleine (300 bis 600 t) Schiffe gegeben hatte, erfolgte im Jahre 1626 eine Neueinteilung in 6 Ränge, Frankreich (ab 1661) zählte 5 Ränge, die Niederlande wie auch Spanien 4 Ränge.

Die Schiffe 1. Ranges hatten eine Bestückung von über 90 Geschützen; sie hatten die Aufgabe, gemeinsam mit den Schiffen 2. Ranges mit 80 bis 90 Kanonen, in einer Seeschlacht die Schlachtlinie zu bilden. Die Schiffe 3. Ranges mit 50 bis 80 Kanonen bildeten die untere Grenze, um mit in der Linie der Schiffe 1. und 2. Ranges zum Einsatz zu kommen. Schiffe 4. Ranges waren mit 40 bis 50 Kanonen bestückt, später im 18. Jahrhundert galt der 4. Rang auch für Schiffe mit 50 bis 60 Kanonen. Aus dieser Einteilung ist schon eine im Laufe weniger Jahrzehnte eingetretene Verschiebung der Bestückung in den einzelnen Klassen zu erkennen. So auch für die Schiffe 5. Ranges mit einer Anzahl von 18 bis 36 Kanonen im 17. Jahrhundert und einer Steigerung auf 40, später sogar 50 Kanonen im 18. Jahrhundert. Die Schiffe 6. Ranges trugen nur 16 bis 24 leichte Kanonen und wurden deshalb nicht in allen Flotten zum regulären Schiffsbestand gezählt.

Die Rangeinteilung wurde mehrmals geändert. Ende des 18. Jahrhunderts und zu Beginn des 19. Jahrhunderts gab es bei der englischen Admiralität 3 Rangeinheiten von Linienschiffen. Schiffe 1. Ranges mit 2000 t Verdrängung und darüber hatten 100 bis 130 Geschütze und 850 bis 900 Mann Besatzung. Im 2. Rang waren Schiffe mit 1650 bis 1950 t, 84 bis 90 Geschützen und 750 bis 850 Mann erfaßt. Der 3. Rang galt für Linienschiffe mit 1200 bis 1600 t Verdrängung, 64 bis 80 Geschützen und 520 bis 750 Mann Besatzung.

Die Fregatten waren zur Zeit der Entstehung regulärer Segelkriegsflotten Schiffe 4. und 5. Ranges, teilweise auch des 6. Ranges. Bis Mitte des 18. Jahrhunderts war in einigen westeuropäischen Ländern die Einteilung der Fregatten in Eindecker mit 20 bis 30 Kanonen und Zweidecker mit 40 bis 50 Kanonen üblich. Als Deck zählte dabei ein durchlaufendes geschlossenes Batteriedeck.

Die unzuverlässige Zuordnung nach der bestehenden Rangeinteilung mußte zwangsläufig einer besseren Klassifizierung weichen. In einer Klasse faßte man Schiffe mit gleichen Merkmalen des Baues, der Größe und Bewaffnung sowie der Möglichkeiten ihres Einsatzes zusammen. Das ergab eine Einteilung in die 3 Gruppen: Linienschiffe, Fregatten und Korvetten. Die Fregatt-Klasse bildete sich in der zweiten Hälfte des 18. Jahrhunderts heraus.

Die Aufgaben der Fregatten

Seitdem bestimmte Schiffe als Fregatten bezeichnet worden sind, haben sich ihre Aufgaben und Einsatzmöglichkeiten verändert. Sie wurden zur Überwachung der Reede eingesetzt, zur Aufklärung und Nachrichtenübermittlung, zum Geleitschutz für Handelsschiffe ebenso wie als Kaperschiffe oder, in kleinen Gruppen, zum Kampf gegen feindliche Schiffe. Dazu gehörte auch der Einsatz zur Bekämpfung des Piraten-, Schmuggler- und Sklavenhändlerunwesens. Von den Fregatten wurde häufig auch der Brandereinsatz geleitet und unterstützt. In Seeschlachten hatten Fregatten ebenfalls spezielle Aufgaben. Da sie nicht in die Gefechtsformation der Linienschiffe eingereiht werden konnten, hielten sie sich meistens in Feuerlee der eigenen Linie zur Sicherung und Unterstützung der eigenen Linienschiffe auf. Sie schleppten eigene beschädigte Linienschiffe aus der Kampfzone, übernahmen aber auch die Verfolgung fliehender Gegner, das endgültige Niederkämpfen und Entern sowie das Einbringen feindlicher Linienschiffe.

Für zahlreiche Forschungs- und Entdeckungsreisen wurden im 18. und 19. Jahrhundert Fregatten eingesetzt. Die spätere Anwendung der Bezeichnung Fregatte und Fregattschiff für Frachtsegelschiffe mit entsprechender Takelung schließt eine große Anzahl von Segelschiffen ein, die keine der oben genannten Aufgaben zu erfüllen hatten. Der Transport von Handelsgütern, die Beförderung von Personen, der Walfang und zuletzt die Ausbildung des seemännischen Nachwuchses auf Schulschiffen, zählten zu ihren Aufgaben.

Der Typ der Fregatte

Aus den zahlreichen, wichtigen Aufgaben der Fregatten ist ihre Bedeutung in der Flotte und als einzelnes Schiff für viele Einsatzmöglichkeiten zu erkennen. Die Anforderungen an Seetüchtigkeit, Geschwindigkeit und gute Manövriereigenschaften bei einer angemessenen Bewaffnung konnten von keinem Schiffstyp der großen, etwas schwerfälligen Drei- und Viermaster des 16. und 17. Jahrhunderts erfüllt werden. Die Herausbildung des Fregattschiff-Typs als Segelkriegsschiff war auf Grund seiner Bedeutung in der Kriegsflotte nicht von finanziellen Einschränkungen behindert. Außerdem befand sich der gesamte Schiffbau in einer Entwicklungsphase, in der zum handwerklichen Können auch theoretische Untersuchungen und Erkenntnisse hinzukamen. Die Anfertigung von Modellen und Zeichnungen, Studien über das Verhalten des Schiffes im Wasser, über den Völligkeitsgrad und die Stabilität waren der Beginn auf dem Weg zur Schiffbautechnik auf wissenschaftlichen Grundlagen, wie er Mitte des 18. Jahrhunderts zuerst unter Colberts Leitung in Frankreich beschritten wurde. Dem französischen Schiffbau kommt das Verdienst zu, nach Einführung der Fregatte in die Flotte ihre Entwicklung bis zur Vollkommenheit am Ende des 18. Jahrhunderts bestimmt zu haben.

In England waren in den vierziger Jahren des 17. Jahrhunderts erste Versuche mit dem Bau von Fregatten kleinerer Abmessungen gemacht worden. (1646 in Chatham – Stapellauf der ersten Fregatte in England: 315 t, Länge 85 Fuß, Breite 26 Fuß)

Während des 18. Jahrhunderts wurden die meisten Verbesserungen an den Formen und Größenverhältnissen der Fregatten vom französischen Schiffbau vollbracht. England übernahm das Beste für den Bau seiner Schiffe von gekaperten französischen Fregatten. Die ersten zu Beginn des 17. Jahrhunderts als Fregatten bezeichneten Segelschiffe hatten ein Deplacement von ca. 100 bis 300 t und bis zu 16 Kanonen. Die Form des Schiffsrumpfes war schlanker als bei vergleichbaren Schiffen der damaligen Zeit. Das anfangs einzige über die ganze Schiffslänge durchlaufende Deck, die Aufbauten des Hecks sowie das Achterdeck verliefen nicht so steil ansteigend wie bei den großen Segelkriegsschiffen, das Galion war kürzer, und das Vorschiff wurde später etwas erhöht.

Die Fregatte war zuerst in Bauart und Takelung den Pinaßschiffen sehr ähnlich, hatte ebenfalls einen glatten Spiegel und ein Spiegelheck. Wie die meisten Segelschiffe ihrer Zeit hatte sie drei Masten, Fock-, Groß- und Kreuzmast.

Der Kreuzmast trug ein Lateinsegel und an einer Stenge das seit 1600 eingeführte Kreuzsegel. Die beiden anderen Masten hatten jeweils zwei Stengen mit Mars- und Bramsegel sowie das Groß- und das Focksegel. Unter dem recht tief am Rumpf gelagerten und steil nach oben führenden Bugspriet befand sich die Blinde, am oberen Ende des Bugspriets ein Sprietmast mit der Oberblinde. Diese Takelung zeigt auch

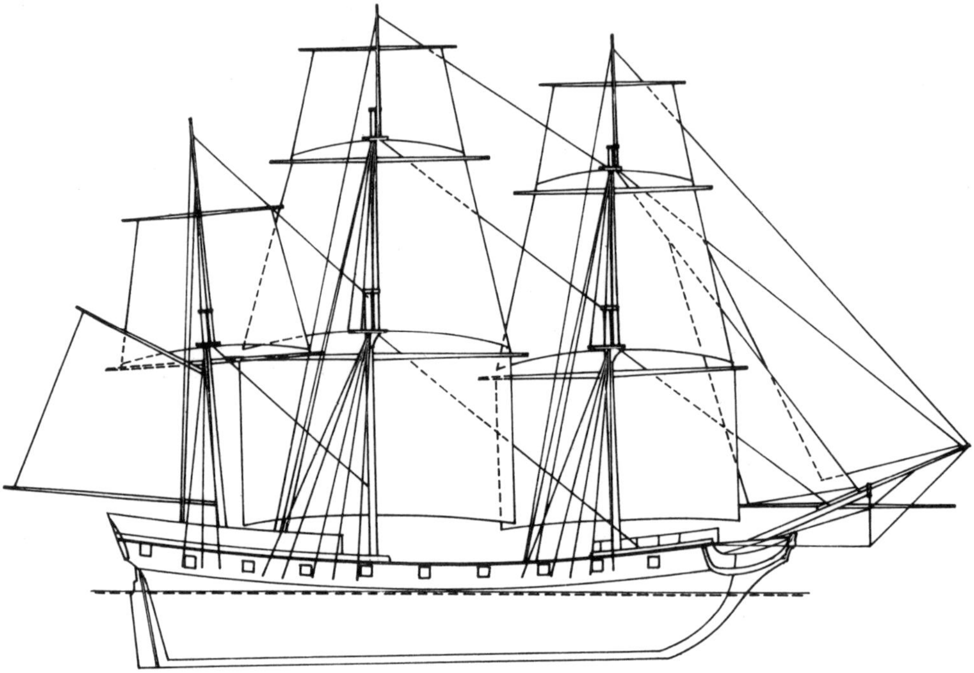

Fig. 2 LE TONNANT, gebaut 1793, schneller französischer Segler

eine Darstellung der englischen CHARLES, einer Fregatte des frühen 17. Jahrhunderts. Bemerkenswert ist an dem Bild der CHARLES, daß unterhalb des Batteriedecks 20 Öffnungen für Riemen zu sehen sind, also 20 Riemenpaare für das gesamte Schiff. Eine Veröffentlichung von D. Freels (Calgary, Kanada) enthält den Hinweis auf den Bau von Kriegssegelgaleeren für die Royal Navy im Jahre 1675 als *Charles Galley-Class*. Solche Schiffe sind bis weit in die zweite Hälfte des 18. Jahrhunderts nachzuweisen, nicht nur in der englischen, sondern u.a. auch in der französischen, schwedischen und dänischen Marine. Die englische PEREGRINE GALLEY z.B. war bis zum 18. Dezember 1761 für verschiedene Aufgaben eingesetzt, zum Geleitschutz, als Bewacher, Kaper und auch im Zolldienst.

Für die weitere Entwicklung der Fregatten waren zahlreiche Verbesserungen der Takelage von Bedeutung. Die Einführung der Stagsegel geht bis auf das Jahr 1650 zurück, diese Segel wurden aber nicht sofort auf allen Schiffen verwendet, Anzahl und Form wechselten häufig. Für die Brandenburgische Fregatte DOROTHEA (gebaut 1678/79 in Kolberg vom kurfürstlichen Schiffbaumeister Gillis Peckelhering, Länge über Steven 32,8 m) waren im Inventar 3 Stagsegel verzeichnet. Um 1660 wurden zum ersten Mal Leesegel (für eine schottische Galeasse) erwähnt und zur gleichen Zeit auch Fußpferde an den Rahen. Nachdem die

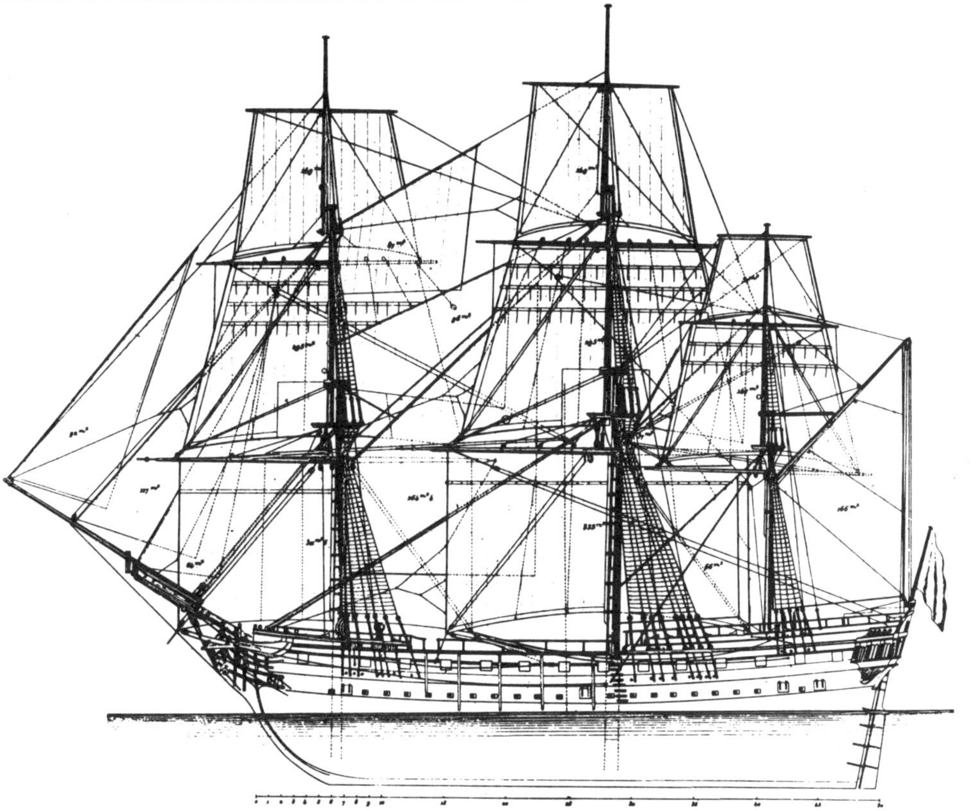

Fig. 3 Französischer Segler von 1785 mit zusätzlicher Ausrüstung zum Rudern

Leesegel anfangs nur gelegentlich an den Unterrahen gefahren wurden, setzten sie sich immer mehr durch und waren 1690 auch an Marsrahen zu finden. Noch vor Ende des 17. Jahrhunderts wurde auf französischen Schiffen das Wasserstag eingeführt. Mit Beginn des 18. Jahrhunderts kam es zu grundlegenden Veränderungen am Vorgeschirr. Der Klüverbaum wurde zur Verlängerung auf den noch nach alter Art recht steilen Bugspriet aufgelegt. Der Sprietmast und die daran befindliche Oberblinde entfielen dadurch. Nur die Blinderah und zwar ohne Segel, als Ausrigger der Geien des Klüverbaumes, bestand noch bis ins 19. Jahrhundert. Die Einführung der vor dem Vorstengestagsegel zu setzenden Klüver (Außen- und Binnenklüver) wird bis auf die Zeit um 1700 zurückdatiert. In der holländischen Flotte wurden Klüver seit etwa 1745 häufiger verwendet, Jahre später erst von der französischen Marine. Im Laufe der Zeit war die Lagerung des Bugspriets vom Batteriedeck nach oben verlegt worden. Der Klüverbaum erhielt später noch eine Verlängerung durch den Außenklüverbaum. Die Veränderungen am Kreuzmast betrafen zuerst (1720) das relativ große Lateinsegel, indem es um die vor dem Mast befindliche Dreiecksfläche verkleinert wurde, aber eine Zeitlang noch die lange Lateinrute behielt (zuletzt 1798). Das typische Gaffelsegel wurde nach 1745 eingeführt und war

Fig. 4 Klipper YOUNG AMERIKA, gebaut 1853 in New York

auf einigen Schiffen auch an Groß- und Fockmast zu finden. Über dem Kreuzmarssegel wurde zwischen 1760 und 1780 das Kreuzbramsegel gesetzt und ab 1800 allgemein eingeführt. Auch an Fock- und Großmast kam es zu Veränderungen. Die Masten wurden verlängert, um die Segelflächen vergrößern zu können. Dazu gehörte auch die Verlängerung des Topps zwischen Marssaling und Eselshaupt. Etwa von 1760 bis 1770 wurde ein viertes Rahsegel, das Oberbramsegel, anfangs an einer vierten Stenge, der Oberbramstenge, später an der verlängerten Bramstenge, gesetzt. Die Trapezform der oberen Rahsegel veränderte sich geringfügig, die Breitendifferenz des Unter- und Oberlieks wurde geringer, so daß eine Streckung der Trapezform eintrat. Bis Anfang des 19. Jahrhunderts fuhr man die Segel mehr oder weniger bauchig. Erst danach setzte sich eine geringere Wölbung und später die fast flache Form der modernen Segel durch. In dieser Aufzählung von Veränderungen der Segelführung, in einem Zeitraum von ca. 200 Jahren, sind nur die auffälligsten Merkmale genannt. Man sollte bei der Angabe der Jahreszahlen immer einen gewissen Zeitraum berücksichtigen, der zwischen der Einführung einer Neuerung und der allgemeinen Verwendung lag. Für die Segel war um 1800 ein vorläufiger Abschluß der Entwicklung erreicht. Mit der Einführung eines fünften Rahsegels (Skysegel) an Fock- und Großmast und eines weiteren Klüversegels zu Beginn des 19. Jahrhunderts sowie der geteilten Marssegel in den zwanziger Jahren auf holländischen und englischen Schiffen zeigte sich bereits der Einfluß amerikanischer Vorbilder. Die weitere Entwicklung der Takelung von Fregatten und der späteren Vollschiffe war im 19. Jahrhundert innerhalb weniger Jahrzehnte vielen Einflüssen unterworfen.

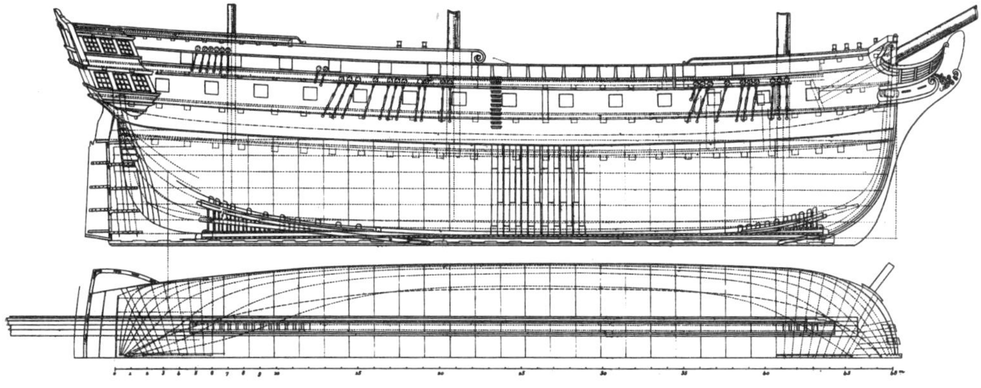

Fig. 5 Ostindienfahrer um 1800

Dazu gehörten die ausgereiften Konstruktionen der amerikanischen Fregatten und Klipper ebenso, wie die Einführung von Eisen als Baumaterial und die Anwendung des maschinellen Schiffsantriebs. Es bildeten sich immer wieder neue Schiffstypen für spezielle Verwendungszwecke heraus, die zwar anfangs noch eine volle Takelung ihrer drei Masten hatten, aber im weiteren Verlauf der Entwicklung, wie die Raddampffregatten und Panzerfregatten, nur noch Reste der ursprünglichen Takelung besaßen, so daß das Ende der Fregatte als typisches Segelkriegsschiff erreicht war.

Einen anderen Verlauf nahm die Entwicklung bei den Handelsschiffen. Die berühmten Ostindienfahrer der Engländer ähnelten in Form und Takelung zwar den damaligen Fregatten und erreichten im zweiten Jahrzehnt des 19. Jahrhunderts ihre höchste Vollendung, waren aber bezüglich der Geschwindigkeit den Anforderungen der Fracht- und Personenbeförderung in den Folgejahren nicht mehr gewachsen. So entstand auf der Blackwall-Werft am linken Themseufer, die bis 1832 die besten und größten Ostindienfahrer gebaut hatte, im Jahre 1837 das erste Schiff eines neuen Typs: die SERINGAPATAM.

Als *Blackwall-Fregatten* haben diese Schiffe den Beinamen Fregatte für Handelsschiffe bis in die siebziger Jahre des 19. Jahrhunderts getragen. Auch die auf einigen anderen englischen Werften gebauten Schiffe des gleichen Typs wurden als Blackwall-Fregatten bezeichnet. Es waren hochgetakelte Dreimaster. Der Großmast überragte den Fockmast beträchtlich, dagegen war der Kreuzmast im Vergleich zu den späteren Vollschiffen relativ klein. Ein typisches Merkmal war, daß die oberen Stage, Pardunen und Toppnanten unmittelbar unter dem Flaggenknopf ansetzten.

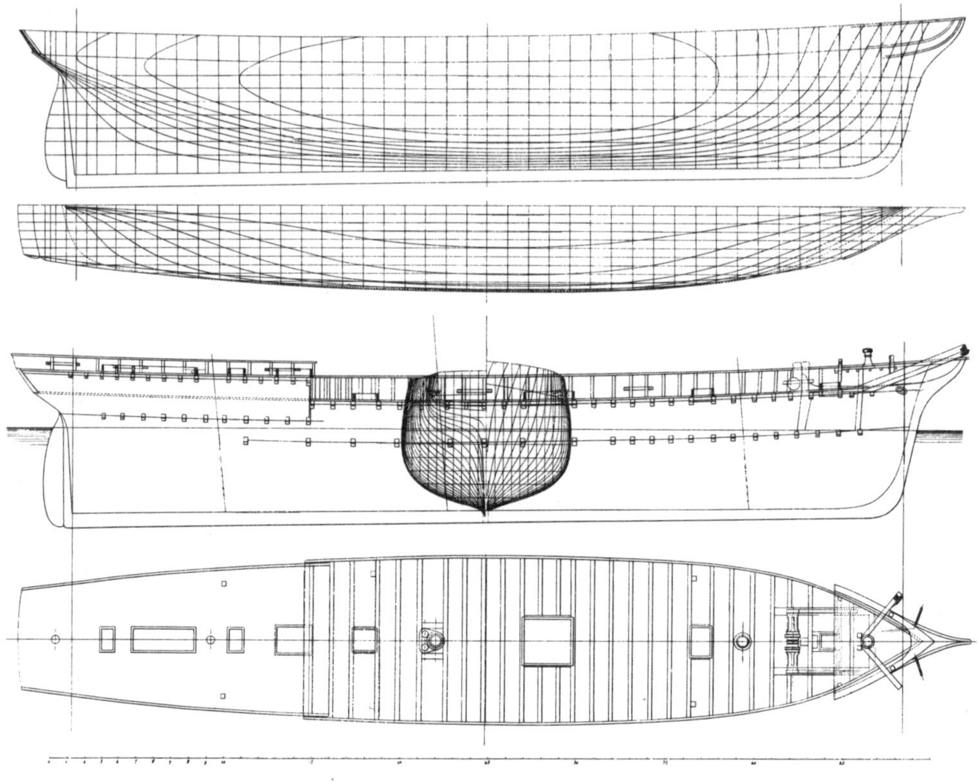

Fig. 6 Französischer Segler von August Normand (Vater) in Havre konstruiert (FRANCE, CHILI, PAULISTA, CARIOCA, PETROPOLIS, COMERCE DE PARIS 1850 – 1853)

Mars- und Bramsegel hatten steile Trapezform. Am Klüverbaum waren die besonders großen Klüver und Außenklüver gesetzt. Der Kreuzmast hatte außer drei Rasegeln ein riesiges Gaffelsegel, das an einem langen Baum das Spiegelheck des Schiffes weit überragte. Stagsegel fehlten anfangs, Leesegel waren immer vorhanden. Fast parallel zum Bau der Blackwall-Fregatten verlief die Entwicklung der *Klipper*, so daß sich in Schiffsform und Takelung durch die Übernahme von Neuerungen einige Annäherungen an die Klippermerkmale ergaben, ohne deren Extremwerte zu erreichen. Dafür bestand auch keine Notwendigkeit, denn die Blackwall-Fregatten erreichten häufig gleiche Fahrtleistungen wie die Klipper und erwiesen sich als kaufmännisch rentabel. Aus der Konkurrenz mit den amerikanischen Klippern kam es im englischen Segelschiffbau zu einem Aufschwung, der seinen Höhepunkt um 1870 erreichte. Die berühmten amerikanischen Klipper CHALLENGE und ORIENTAL wurden von Technikern der Admiralität vermessen, als sie in London im Dock lagen, um danach die eigenen Schiffe zu konstruieren und zu bauen. Auch die in Frankreich von Augustin Normand (Vater) im Zeitraum von 1850 bis 1853 gebauten Klipper beweisen, daß noch andere europäische Werften in der Lage waren, vorzügliche Segelschiffe zu bauen. Einen bedeutenden Anteil an der weiteren Vervollkommnung der Rahsegelschiffe, in diesem Fall für die Handelsschiffahrt, hatte der amerikanische Schiffbau, indem er den Nachfolger der extremen Klipper, den *Mediumklipper* oder *Halbklipper* entwickelte. Bei diesem Schiffstyp wurden die hervorragenden Segeleigenschaften der Klipper auf Schiffe mit größeren Längen-/Breitenverhältnissen übertragen, und mit der Steigerung der Schiffsgröße wurde der direkte Weg zu den späteren Vier- und Fünfmastschiffen eingeschlagen. Eine zweite Entwicklungslinie verlief über die älteren amerikanischen Frachtsegler, die frühen Typen der Paketsegler und die Handelsfregatten zum Vollschiff.

Größe, Form und Bauart

Nachdem für den Typ der Fregatte einige markante Abschnitte der Entwicklung, besonders der Takelage, dargestellt wurden, soll der Schiffsrumpf und seine Hauptdaten über den gleichen Zeitraum von ca. 200 Jahren betrachtet werden. Wenn die dabei auftretenden Entwicklungstendenzen auch für andere Segelschiffstypen zutrafen, so war die Fregatte immer dem allgemeinen Stand etwas voraus. Ein auffälliges Merkmal in der Entwicklung der Fregatten war die schnelle Zunahme der Schiffsgröße von 100 bis 300t zu Beginn des 17. Jahrhunderts auf 700 bis 900t als Maximum für schwere Fregatten zum Ende desselben Jahrhunderts.

Französische Kriegsschiffe 5. und 4. Ranges hatten eine Verdrängung von ca. 500 bis 700t, wie sich aus Vorschriften von 1681 errechnen läßt. Die schwedische Fregatte HVIDE ORN (Weißer Adler) von 1711 hatte 950t Wasserverdrängung, die französischen Fregatten RENOMMEE von 1767 1200t, CHARMANTE und JUNON von 1778 jeweils 1089t (Deplacement). Dagegen ist in dem Werk von Chapman (Architectura Navalis Mercatoria) aus dem gleichen Jahrhundert neben kleinen Kaperfregatten von 300 bis 500t und Fregatten um 1000t sogar eine Fregatte mit einem Deplacement von 2043t enthalten. Diese Größe wurde später auch von amerikanischen Fregatten, z. B. von der 1797 in Boston gebauten CONSTITUTION (2200t), erreicht und übertroffen. Aus diesen Beispielen ist die Zunahme der Schiffsgrößen zu erkennen, gleichzeitig aber auch die Tatsache, daß außerdem eine große Anzahl Fregatten unterschiedlicher Größe existierte. Für die weitere Betrachtung der Fregatten ist deshalb weniger die Größe, sondern ihre Form und Bauart von Bedeutung.

Zu den auffälligen Merkmalen der Fregatten gehörten bekanntlich die schlanke Schiffsform und als »Erbgut« der Fleuten ein größeres Längen-/Breitenverhältnis (L/B) gegenüber Frachtseglern. Dazu ist zu sagen, daß sich deutliche Veränderungen für den L/B-Wert erst in der zweiten Hälfte und zum Ende des 18. Jahrhunderts durch den Einfluß des amerikanischen Schiffbaues mit seinen Fregatten (z. B. CONSTITUTION, 1797, L/B = 4,5) und im 19. Jahrhundert durch den Bau der amerikanischen und europäischen Klipper (Mitte des 19. Jh. L/B = 5,0 bis 5,5) ergaben. Bis zu diesem Zeitpunkt waren L/B-Werte von 3,5 bis 3,8 für Fregatten und auch für größere Segelkriegsschiffe üblich. Die französischen Fregatten ZEPHIR und RENOMMEE von 1767 hatten einen L/B-Wert von 3,98 bzw. 4,22. Die weitere Erhöhung der L/B-Werte auf 6,0 bis 8,0 trat in der zweiten Hälfte des 19. Jahrhunderts ein, als es durch die Einführung von Eisen und Stahl in den Schiffbau möglich geworden war, die bei Holzbauweise begrenzte Schiffslänge erheblich zu vergrößern. Das Verhältnis der Schiffsbreite zum Tiefgang (B/T) veränderte sich von 2,4 bis 2,2 im 17. Jahrhundert bis zum 19. Jahrhundert von 2,2 bis 1,9 nur wenig, obwohl dieser Wert für die Stabilität eines Schiffes Bedeutung hat. Für die Betrachtung der gesamten

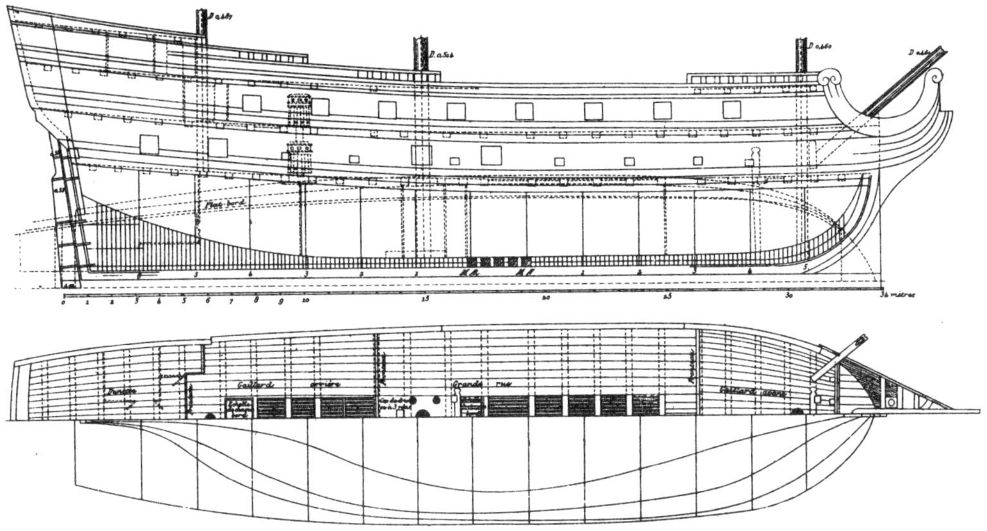

Fig. 7 Kriegsschiff 5. Ranges mit 24 Geschützen

Entwicklung ist die anfangs unzureichende Fahrwassertiefe der Häfen und die damit verbundene Begrenzung des Tiefgangs der Schiffe ebenso zu berücksichtigen wie Zusammenhang und Abhängigkeit der anderen Verhältniswerte des Schiffskörpers. Dazu gehören die Völligkeitsgrade der Verdrängung (δ), des Hauptspantes (β), der Wasserlinie (α), das Hauptspantzylinders (φ) und ein Wert ($\varkappa$) (kappa), der das Verhältnis zwischen dem Völligkeitsgrad der Verdrängung und den Völligkeitsgraden des Hauptspantes und der Konstruktionswasserlinie bzw. Tiefladelinie ausdrückt.

Alle Völligkeitsgrade zeigten bis in die zweite Hälfte des 18. Jahrhunderts einen stetigen Rückgang, d.h., die Völligkeit verringerte sich bis auf Minimalwerte zu Beginn des 19. Jahrhunderts, und stieg erst danach im Zusammenhang mit Zunahme der Schiffslänge in der zweiten Hälfte des 19. Jahrhunderts bei den Vollschiffen und großen eisernen Frachtseglern stark an. Die niedrigsten Werte hatten die Kaperfregatten (nach Chapman) und die Klipper. In einer Übersicht von Völligkeitsgraden sind die Angaben aus der Fachliteratur und die Auswertung von Schiffsdaten zusammengefaßt. Sie schließen nicht aus, daß es auch als Fregatten bezeichnete Schiffe gab, die an der Grenze oder sogar außerhalb einzelner Werte lagen. Der Wert $\psi = L/\sqrt[3]{V}$ ist der Schlankheitsgrad der Verdrängung oder des Deplacements $\psi = L/\sqrt[3]{D}$. Durch ihn bieten sich gute Vergleichsmöglichkeiten der Schiffskörperformen, da er die Verteilung der Verdrängung bzw. des Depla-

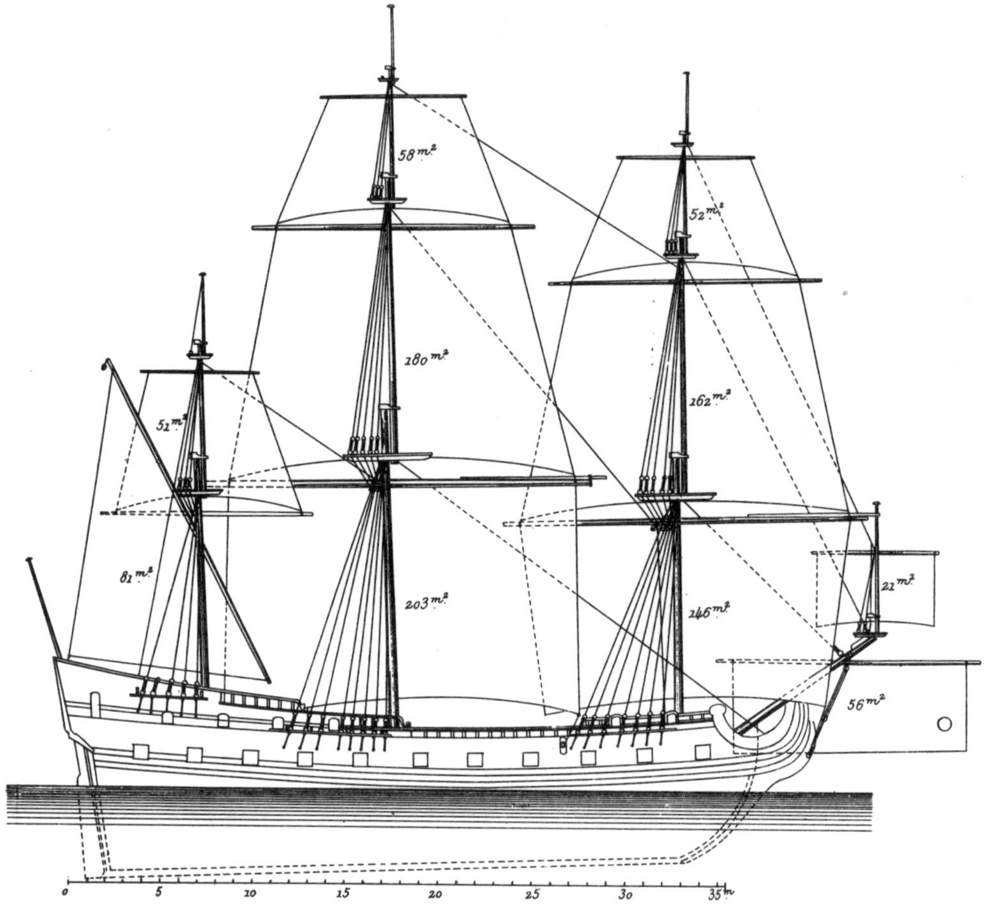

Fig. 8 Le Capricieux, Schiff 4. Ranges

cements über die Schiffslänge berücksichtigt, d.h., je höher der Wert ψ, um so schlanker das Schiff.

	17. Jh.	18. Jh.	19. Jh.
α	0,85–0,80	0,80–0,75	0,75–0,85
β	0,85–0,80	0,80–0,55	0,55–0,90
δ	0,70–0,55	0,55–0,40	0,40–0,67
ψ	3,5 –4,5	3,5 –5,0	4,0 –6,2

Zusammenfassend ist für die Proportionen und Abmessungen eines Schiffes zu sagen, daß nicht einzelne Extremwerte die Güte einer Konstruktion bestimmen, sondern die optimale Ausgewogenheit aller Größen unter Berücksichtigung des Einsatzzweckes und der Einsatzbedingungen. Die Form des Schiffskörpers unterlag erheblichen Veränderungen in Seitenansicht, Spant- und Wasserlinienverlauf sowie in den Längsschnitten. Für die Silhouette des Rumpfes war der Verlauf der Decks und die Form des Vor- und Achterstevens bestimmend. Die anfangs auch bei den Fre-

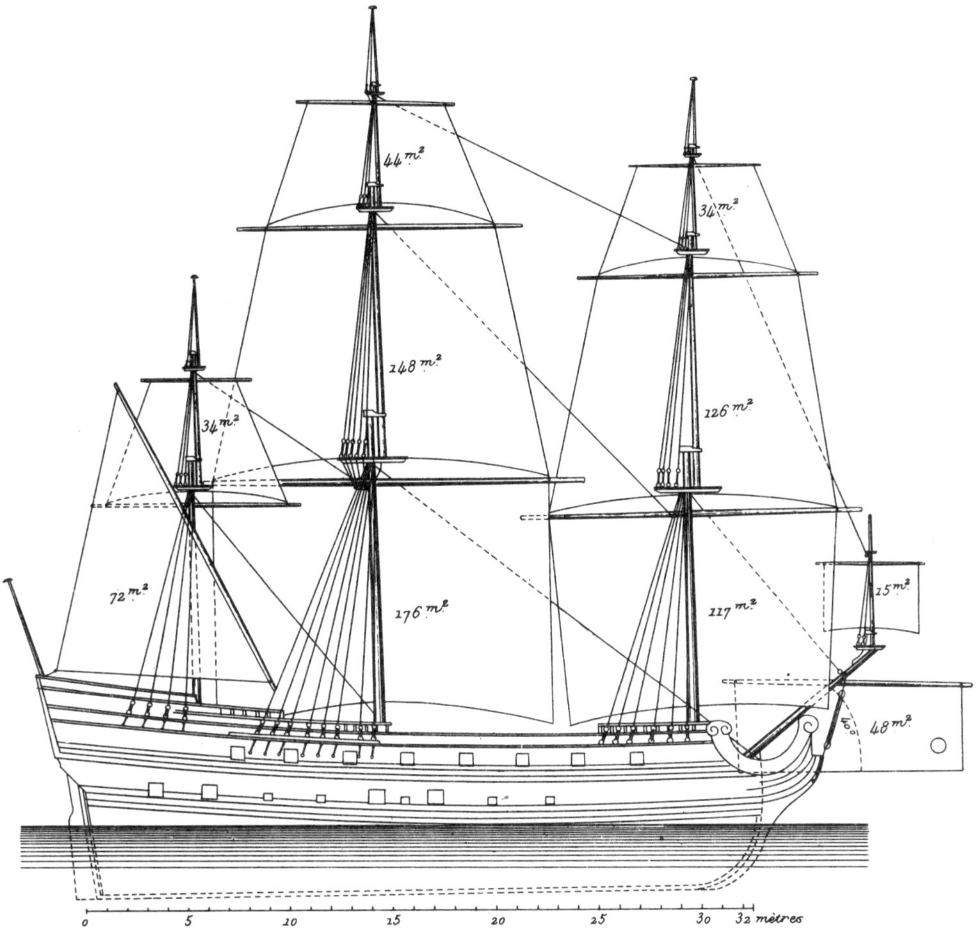

Fig. 9 Kriegsschiff 5. Ranges

gatten noch relativ hohen Aufbauten des Achterschiffs wurden gegen Ende des 17. Jahrhunderts stark reduziert. Über dem durchlaufenden Hauptdeck befand sich achtern ein Halbdeck (später Poop) und darüber die kurze Hütte mit ihrem Deck. Bei kleinen Fregatten fiel auch schon die Hütte weg. Auf dem Vorschiff befand sich ein kurzes Backdeck. Im 18. Jahrhundert wurde der Verlauf der Decks noch flacher bis zu den fast waagerechten Decks der ersten großen amerikanischen Fregatten am Ende des Jahrhunderts. Im 19. Jahrhundert vollzog sich durch die Klipper der Übergang zum Deckssprung, wie er heute bei Segelschiffen üblich ist. Typisch für Fregatten war die Entwicklung des Spant- und Wasserlinienverlaufs. Der Hauptspant erhielt eine starke Aufkimmung, die Vorschiffspanten verliefen zum Teil schon im 17. Jahrhundert so hohl, daß auch die unteren Vorschiffwasserlinien einen leicht nach innen gewölbten Verlauf aufwiesen, wie er im Achterschiff noch ausgeprägter vorhan-

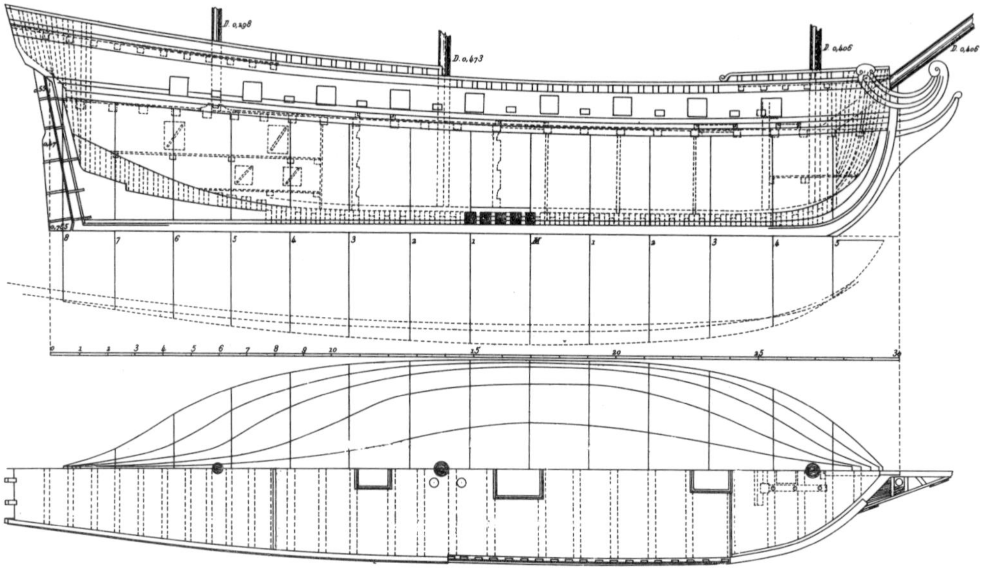

Fig. 10 Französische Fregatte mit 16 Geschützen

den war. Dazu ist zu sagen, daß die rundliche Vorschiffform nur zögernd aufgegeben wurde und zuerst das Achterschiff in Angleichung an die Körperform des Fisches einen schlanken Linienverlauf erhielt, bevor durch Modellversuche und wissenschaftliche Untersuchungen im 17. und 18. Jahrhundert Erkenntnisse gewonnen wurden, aus denen sich die theoretischen Grundlagen für die Schiffskonstruktion entwickelten. Extrem schlanke Schiffskörper hatten bekanntlich die amerikanischen Fregatten und die Klipper, während die später gebauten Vollschiffe weder die starke Aufkimmung noch die großen Kimmradien aufzuweisen hatten. Die Schlankheit dieser Segler kam aus der größeren Schiffslänge trotz des parallelen Mittelschiffs und eines relativ völligen Hauptspantes. Erstaunlich lange hielt sich die nach oben eingezogene Form der Spanten bei Segelkriegsschiffen und bei Frachtseglern. Sogar die Klipper und die recht modernen Segler der zweiten Hälfte des 19. Jahrhunderts hatten im Mittelschiff noch leicht nach innen geneigte Spantenden. Ein langer Weg war es vom strömungstechnisch ungünstigen Spiegelheck bis zu den Heckformen der Fregatten und Vollschiffe des 19. Jahrhunderts. Zuerst verschwand der bis unter die Wasserlinie reichende platte Teil des Spiegels. Durch eine besondere Biegung der Gillungsplanken wurde die Verbindung zwischen Unterwasserschiff und dem über der Wasserlinie endenden verzierten Spiegel hergestellt. Die vollkommen gerundete Heckform war erstmalig ab 1817 auf britischen Schiffen zu sehen, bevor sie allgemein verwendet wurde. Für die Vorstevenform der Fregatten vollzog sich die markanteste Änderung im 17. Jahrhundert durch die Verkürzung des Galions und die steilere Stellung des Stevens. Der glattflächige vordere Ab-

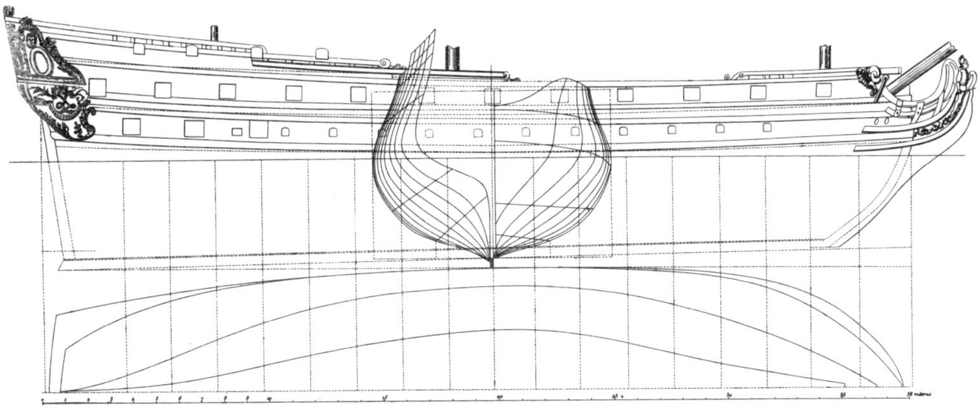

Fig. 11 LA GLOIRE, 1707

schluß der Back oder des Schanzkleides hielt sich z. T. bis ins 19. Jahrhundert. Zum Schutz der Beplankung des Unterwasserschiffs gegen Bewuchs und Befall durch den Bohrwurm wurden schon im 17. Jahrhundert am Vorschiff der holländischen Süd- und Westfahrer Kupferplatten angebracht. Auch bei englischen Schiffen für die Tropenfahrt sollen nach 1670 Kupferplatten auf die Bodenplanken genagelt worden sein. Weitere Versuche folgten 1707 und 1716 bei der Fregatte ALARM, bevor der Kupferbeschlag in der englischen Marine allgemein eingeführt wurde (bei deutschen Schiffen um 1815). Der Zinkbeschlag wurde zuerst bei französischen Schiffen ab 1782 verwendet und führte ebenso wie der Kupferbeschlag zur Verringerung des Schiffsbewuchses und dadurch zur Erhöhung der Schiffsgeschwindigkeit. Zahlreiche Neuerungen im Schiffbau, in der Ausrüstung und Takelung, die im 18. und 19. Jahrhundert eingeführt wurden, setzten sich oft zögernd und erst nach einem langen Zeitraum der Erprobung und Bewährung durch, auch bei den Fregatten. Wenn auch z. B. die Radsteuerung seit 1708 bekannt war, so wurde der Kolderstock noch jahrzehntelang benutzt und die Ruderpinne auf vielen Rahseglern unter 300 Tonnen noch bis in die vierziger Jahre des 19. Jahrhunderts. Ähnlich verhielt es sich mit eisernen Ankerketten (ab 1808, allgemein ab 1830), Seitendavits (ab 1810), eisernen Masten (ab 1823 bis 1850 vereinzelt), der Takelung mit Drahttauwerk (ab 1835, in größerem Umfang erst nach 1850) und der Kompositbauart (ab 1850), um nur einige Beispiele der Entwicklung zu nennen.

Da es nicht möglich ist, die Verzierungen und die Farbgestaltung der Fregatten verschiedener Länder einzeln zu beschreiben, soll durch die Aufzählung von Merk-

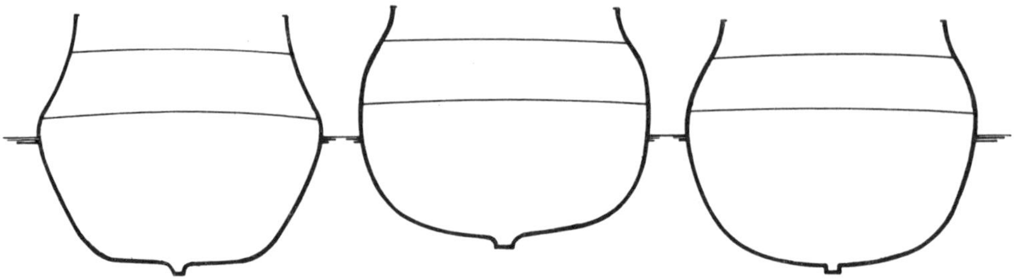

Fig. 12 Hauptspantformen der Fregatten im 18. Jahrhundert, links französisch, mitte niederländisch, rechts englisch

malen französischer und durch Hinweise auf englische Schiffe ein Eindruck vom allgemeinen Aussehen vermittelt werden, der zu einem großen Teil auch die Fregatten einschließt.

Um 1630 begann die große Zeit für dekorative Skulpturen an Bug und Heck. Galionsfiguren französischer Schiffe symbolisierten meistens den Schiffsnamen oder stellten olympische Gottheiten dar, während britische Schiffe den Wappenlöwen und dänische Schiffe Figuren von Menschen, Löwen und sogar den Kopf des Elefanten als Galionsfigur zeigten. Mit Verzierungen des Stevens, der Galionsregeln und Galionsspanten nahm sich der Schmuck des Vorschiffs gegenüber dem übertrieben geschmückten Heck noch bescheiden aus. Riesige Wappenschilder, Figurenfriese, Einzelfiguren, Engel, mythische Tiere und zwei bis drei übereinander liegende Galerien, die sich auch auf beide Seiten des Heckaufbaus erstreckten, gehörten mit vielem anderen Schnitz- und Malwerk zur Heckgestaltung. Nachdem dieser vergoldete und gemalte Prunk um die Mitte des 17. Jahrhunderts seinen Höhepunkt erreicht hatte, erkannte man auch die negativen Auswirkungen dieses »Ballastes« für die Schiffe. Trotzdem hatten Linienschiffe, und in begrenztem Umfang auch Fregatten, über den Zeitraum des gesamten 18. Jahrhunderts noch dekorative, künstlerisch gestaltete Heckgalerien mit dazu passenden kleineren Seitengalerien. Das Vorschiff trug bescheidenen Schmuck an Galion und Kranbalken und dazu regelrechte Kunstwerke von Galionsfiguren.

Im 17. Jahrhundert war das Unterwasserschiff anfangs nur geteert, später auf Grund einer anderen Zusammensetzung des Anstrichs grau-weiß. Zur Zeit Louis XIV. soll das Unterwasserschiff vereinzelt auch grün, gelb, ocker oder rot gestrichen gewesen sein. Im 17. Jahrhundert hatte das Überwasserschiff einen beliebigen Anstrich, die Berghölzer sowie den Plankengang zwischen den Stückpforten hielt man in einer Kontrastfarbe. Bei französischen Schiffen waren im 18. Jahrhundert das Unter- und Überwasserschiff häufig dunkelgelb oder braunrot gestrichen, die Berghölzer schwarz, die Planken zwischen den Stückpforten hellbraun mit einem graublauen Band. Gegen 1780 war der Schiffskörper einschließlich Schanzkleid königsblau mit Goldornamenten, die Batterien braun, die Blenden der Pforten rot. Das Innere der Batterie, des Schanzkleides, die Stückpforten, Betinge, Nagelbänke, Gangspills und Niedergänge waren rot gestrichen. Zur Zeit des Premier-Empire wurde der ganze Rumpf schwarz gehalten, die Planken zwischen den Stückpforten gelb, später (1825) weiß, weniger Verzierungen in Gold, dafür mehr blau. Nach 1825 wurde die um das ganze Schiff laufende horizontale Linie zur Regel, sie überdeckte Skulpturen und Heckausbauten. Die wenigen Ornamente und die Galionsfigur wurden weiß gestrichen. Das Innere des Schanzkleides war mitunter lackiert, weiß oder hellgrau, die Decksausrüstung schwarz oder naturfarben. Britische Schiffe waren um 1780 naturholzfarben mit schwarz und rot gemalten Bändern. Auf Nelsons Veranlassung erhielten die Schiffe der königlich-britischen Marine an jeder Pfortenreihe einen ockerfarbenen Streifen, der gegen den schwarzen Hintergrund weiß abgesetzt wurde.

Schwarz-weiße Pfortenbänder waren bis in die zweite Hälfte des 19. Jahrhunderts bei vielen Arten von Handels- und Kriegsschiffen üblich, und bei einigen Schulschiffen kann man sie noch heute sehen. Die Farbgebung deutscher Rahsegler des 19. Jahrhunderts wurde ausführlich von H. Szymanski beschrieben. Teeranstriche, blank geschrapte, mit Harpeus gestrichene Gänge, weiße und farbige Bänder gehörten dazu.

Bewaffnung

Als zu Beginn des 17. Jahrhunderts die Bezeichnung *Fregatte* für kleine, schnelle, dreimastige Segelschiffe eingeführt wurde, hatten sie eine Bewaffnung von 6 bis 12 leichten Geschützen. Mit zunehmender Schiffsgröße erhöhten sich die Anzahl und das Kaliber der Bewaffnung sehr schnell, so daß es bereits in der zweiten Hälfte des 17. Jahrhunderts als schwere Fregatten bezeichnete Segelkriegsschiffe mit 64 Kanonen auf zwei Batteriedecks gab. Diese relativ großen, etwas völligen Schiffe genügten in bezug auf Geschwindigkeit und Manövrierfähigkeit noch nicht allen Anforderungen an Fregatten. Wenn sie scharf gesegelt wurden, mußten die Pforten des unteren Geschützdecks geschlossen werden, da sie bei der Krängung des Schiffes unter Wasser gerieten. Das führte dazu, daß man in der weiteren Entwicklung die untere schwere Batterie höher anordnete und dadurch ihre Einsatzmöglichkeiten verbesserte. Aus der Beschränkung auf maximal zwei durchlaufende Decks für Fregatten und der damit verbundenen geringen Seitenhöhe ergaben sich gute Segeleigenschaften und die notwendige Hochseefähigkeit.

Die Bewaffnung dieser Schiffe bestand aus 24 bis 48 Kanonen, wie es in einer Tabelle von 1690 für französische Kriegsschiffe 4. und 5. Ranges angegeben ist. Einige weitere Beispiele zur Anzahl und zum Kaliber der Schiffsbewaffnung im 18. Jahrhundert: Die schwedische Fregatte HVIDE ORN von 1711 hatte 30 Kanonen, davon 22 Stück 12-Pfünder und 8 Stück 8-Pfünder. Auch die dänischen Fregatten von der RAA (1709) mit 22 Kanonen bis zur FREYA (1793) mit 40 Kanonen entsprachen dieser Größenordnung. Interessant ist dazu ein Vergleich mit der russischen Marine, in der nach 1700 mit dem Serienbau von 24- und 28-Kanonen-Fregatten mit 8-Pfündern begonnen wurde. Ihnen folgten 32- und 40-Kanonen-Fregatten nach 1718. Das Kaliber wurde für russische Fregatten ab 1767 auf 16 Pfund festgelegt. Die Anzahl erhöhte sich von 44 Kanonen (1789) später für viele derselben Schiffe auf 52 bis 56 Kanonen. 1790 entstand die erste 50-Kanonen-Fregatte mit 32 Stück 18-Pfündern und 18 Stück 24-Pfündern. Es folgten bis Mitte des 19. Jahrhunderts Fregatten mit 60 und später sogar 70 Kanonen, wobei für die obligatorischen Langrohrkanonen 24-Pfünder und 36-Pfünder festgelegt waren und auch 60-Pfünder Bombenkanonen zur Bewaffnung gehörten.

In dem Buch über die Schiffsbewaffnung von Hans Aufheimer sind drei Beispiele für die Bewaffnung von Fregatten der zweiten Hälfte des 18. Jahrhunderts enthalten, aus denen die Entwicklungstendenz ersichtlich ist, wie sie für viele europäische Schiffe zutraf.

1757 32-Kanonen-Fregatte,
Geschützdeck 38,9 x 10,4 m
26 Stück 12-Pfünder auf dem Hauptdeck
4 Stück 6-Pfünder auf dem Quarterdeck
2 Stück 6-Pfünder auf der Back

1780 38-Kanonen-Fregatte,
Geschützdeck 42,9 x 11,9 m
28 Stück 18-Pfünder auf dem Hauptdeck
6 Stück 9-Pfünder auf dem Quarterdeck
4 Stück 9-Pfünder auf der Back

1797 40-Kanonen-Fregatte,
Geschützdeck 46,9 x 12,55 m
28 Stück 24-Pfünder auf dem Hauptdeck
8 Stück 9-Pfünder auf dem Quarterdeck
4 Stück 9-Pfünder auf der Back

Im Vergleich dazu die 1797 in Boston (USA) gebaute CONSTITUTION. Bei einer Geschützdecklänge von 53 m hatte sie zuerst 38 Kanonen, davon 28 Stück 24-Pfünder und 10 Stück 12-Pfünder, nach dem Umbau (1807) 30 Langrohrgeschütze zu 24 Pfund auf dem unteren Batteriedeck und darüber 24 Carronaden zu 32 Pfund.

Durch die kampfstarken amerikanischen Fregatten wurden zu Beginn des 19. Jahrhunderts neue Maßstäbe für den Bau von Segelkriegsschiffen gesetzt.

Zur Bauart der Geschütze ist zu sagen, daß als Hauptwaffe die glattgebohrte Vorderlade-Kanone von 1650 bis 1850 verwendet wurde. Speziell für die Verwendung bei der Marine konstruierte Geschütze kamen in der ersten Hälfte des 17. Jahrhunderts auf; bis zu diesem Zeitpunkt verwendete man die gleichen Waffen wie an Land. Durch die ständige Vergrößerung der Flotten wuchs der Bedarf an Bewaffnung, so daß die Umstellung von Bronzerohren auf gußeiserne Rohre notwendig wurde. Kunstvoll verzierte Bronzerohre blieben noch einige Zeit für Repräsentationszwecke auf einigen Schiffen erhalten oder wurden auf Neubauten übernommen. Anstelle der im 17. Jahrhundert üblichen Kastenlafetten kam im Verlauf des 18. Jahrhunderts die Lafette ohne Boden in Gebrauch.

Zur Bewaffnung einiger spezieller Fregatten gehörte der Mörser mit einem Kaliber zwischen 250 und 330 mm. Mit der Einführung der Carronaden 1779 in die britische und 1783 in die französische Marine kam eine umwälzende Neuerung zur Wirkung. Das kurze, gedrungene Rohr auf räderlosen, schwenkbaren Lafetten (Schlitten) hatte ein so günstiges Verhältnis von Geschoß- zu Rohrgewicht, daß sich das Breitseitengewicht erheblich steigern ließ. Eine geringere Größe der Bedienungsmannschaft bei höherer Feuergeschwindigkeit zählte zu den weiteren Vorteilen der Carronaden. Trotzdem konnte man auf die Verwendung der Langrohrgeschütze nicht verzichten, denn die Carronaden waren mit einer Kernschußweite von 180 m bei 12-Pfündern und bis 365 m bei 68-Pfündern hauptsächlich Nahkampfwaffen und deshalb auf dem oberen Batteriedeck bzw. Poop- und Backdeck aufgestellt, um von oben auf Deck und Takelage des Gegners mit Kugeln und Kartätschen zu feuern. Noch eine neue Waffe, die Bombenkanone zum Abfeuern von Explosivgeschossen mit verheerender Spreng- und Brandwirkung, wurde nach 1824 eingeführt, bevor durch die Weiterentwicklungen im Schiffbau, im Schiffsmaschinenbau und in der Schiffsartillerie die Ära der hölzernen Segelkriegsschiffe und damit auch dieser Fregatten zu Ende ging.

Zum Schluß dieses Kapitels sei jedoch nochmals darauf hingewiesen, daß speziell für die Segelfregatten nicht die Bewaffnung, sondern ihre Geschwindigkeit, Manövrierfähigkeit und die Eignung für ihre vielfältigen Aufgaben im Vordergrund standen. Ein Vergleich des Verhältnisses der Segelflächen zur eingetauchten Hauptspantfläche ergab für Fregatten und sinngemäß auch für Korvetten die 1,5- bis maximal 2fache Größe der Segelflächen gegenüber Linienschiffen.

Fregatten und Vollschiffe im Ost- und Nordseeraum

Die Hanse hatte schon vor dem Dreißigjährigen Krieg viel von ihrer Bedeutung eingebüßt. Viele der einstigen Mitglieder gingen inzwischen im Seehandel eigene Wege und fühlten sich an die früheren Beschlüsse nicht mehr gebunden. Die nach diesem langen und verheerenden Krieg verbliebene Schiffstonnage, besonders der Ostseeanlieger, war relativ gering, kaum noch leistungsfähig und deshalb unbedeutend. Die ehemals stark frequentierten Handelswege über See nach Spanien, Frankreich und bis in das Mittelmeer wurden kaum noch befahren. Als sich nach 1648 ein neuer Aufschwung in den Handelsbeziehungen ergab, waren auch neue, leistungsfähige und schnellere Schiffe erforderlich. Zu diesen großen neuen Typen gehörten die Fleute und das Pinaßschiff. Sie wurden bald in fast allen Bereichen eingesetzt. Das Fregattschiff kam in diesem Zeitraum noch recht selten vor.

1663 kam der holländische Schiffszimmermeister Cluff Voigt nach Wismar. Die Stadt brauchte Meister dieses Gewerkes besonders dringend, da durch die Stationierung der Kaiserlichen Kriegsflotte die eigene städtische Handelsflotte stark gelitten hatte. So kam es Anfang des Jahres 1664 zum Abschluß eines Kontraktes zwischen Schiffbaumeister Voigt und städtischen Reedern. Für einen Gesamtpreis von 8800 Reichstalern sollte für Schiffer Jochim Wilcken ein Fregattschiff gebaut werden. Der Kontrakt wurde einige Wochen später mit einem Zusatz versehen, da das bereits in Bau befindliche Schiff um fünf Fuß länger werden würde als ursprünglich festgelegt. In dem Kontrakt wurde in 14 detaillierten Punkten festgelegt, wie lang, breit und tief im Raum das Schiff zu sein hatte. Aber auch solche Details, wie Krampen, Haken und Ringe zur Befestigung der Geschütze, Schnitzwerk an Galion und Heck, die Flögel an den Masttoppen, holländisches und Flensburger Tuch für die Segel, Anzahl der Anker, Angaben zu Tauen bis hin zum Küchengerät und verschiedene schiffbautechnische Regelungen, wurden festgehalten.

Contract zwischen dem Schiffszimmermeister Cluff Voigt und nachgesetzten Parteyen (aus Königl. schwed. Tribunalsakte S -43)

Zu wissen, dessen es von nöthen, dass im Namen Gottes zwischen nachgesetzten Parteyen, alss Cluff Voigt Einss, Johann Schlyman, Johan Rathke, Jochim Rathke, David Schmieden, und dess Schiffer Jochim Wilcken andern theilss ein ehrlicher und richtiger Kaufcontract über ein Schiff oder eine nach dem königlichen Bestück begehrte Fregatte mitt allem Zubehör, nichtes aussgenommen frey zur See, sambt der aussrehdung nach Stockholm nebst der halben Heuer so ein holländischer Meister zimmern soll, Geschlossen folgender gestalt und also:

1. *Erstlich soll der Kehl des Schiffes lang sein 35 Ellen, so dass es über stehe vollenkommen 86 Fuss lang wirdt.*

2. *zum andern soll es uff seinem Palcken breit seyn Tlagke ohngefehr seyn fünfzehn Fuess.*

3. *Drittens soll es uff seinem Palcken breit seyn zwanzig Fuess.*

4. *Zum Vierdten soll das Raum unter Palcken holl seyn 8 oder 8 1/2 Fuess, zwischen jeden Palckens Ende 2 Knie und unter jedem Palckens Ende 1 Schlagstümer, alles nach dem Besteck als schwedischer und nicht holländischer Maess.*

5. *Fünftens soll es mit 8, 10 oder 12 Pforten mit daran gehörigen Krampen, Hacken, Ringen und fengen umb Stücke zu führen, auch sonsten nach dem Bestück der königlichen Admiralität auf dem überlauff verbawt seyn.*

6. *Sechstens soll es mit einem zierlichen jedoch nicht alzu hohen Spiegel mit Schnitzwerck und sonsten wohl ausgeputzet, einer Cajüte und Kammer versehen seyn.*

7. *Zum Siebenten soll es vornen mit einem feinen geschnitzte Galion seyn, dass es sich in der Länge wohl präsentieret.*

8. *Achtens sollen darin gute Masten und leichte iedoch fäste gesunde Stängen seyn.*

9. *Zum Neundten sollen die Untersegel aus holländischem, die Obersegel von guthen Flenssburger undt Lübischem newen Tuche seyn.*

10. *Zum Zehnden soll das uffstehende wandt als das grosse von 5, das forderste von 4 Spannen wobey drey schwere tawen zuvor Kabeltawen undt eine Pferdte Linie wie auch an der Tackelung undt alle Plöcke voll gleich auff einen solchen Schiffe gebräuchlich nach proportionirlicher Stärcke, nicht zu dün noch zu kortz, alles von guthen reinen Hannff neu und unsträfflich seyn.*

11. *Elftens sollen gleich den 3 Anckertawen auch drey schwehre Ancker und ein Wurffancker so allerseits nicht zu schwach dabey auch sonsten das Schiff mit guthen zähen Eysen und durch eyserne Polten, nemlich die Schlagstümer mitt 3 Polten, in der Knie mit 2 Polten, in der Hanck von Barckhöltzern mit 4 Polten und Ringen, weile Stücke darauff sollen geführet werden, wohl versehen seyn.*

12. *Zwelftens so verspricht Cluff Voigt auch das Schiff der Gestalt mitt Küchengerethschaft und anderen Nothwendigkeiten die hier nicht alle specificiret werden können, dergestalt und mit Flögeln uff den Top zu versehen, dass nichts ermangeln soll.*

13. *Zum Dreyzehnden, will auch Cluff Voigt die aussrehdung nach Stockholm einig und allein von seinen Kosten thun undt dem Schiffer Jochim Wilcken, dass Schiff, willss Gott, also lieffern, dass er an Victualies, oder was sonstens zu behuef des Schiffes nöthig biss es wiederumb, willss Gott, in diesen Haven kombt, keinen Mangel haben, undt dass es zwischen dieses undt Himmelfahrt, so Gott will, segelfertig seyn soll. Imgleichen will er auch die halbe Heuer an den Schiffer, Stürmann und Volck nach Stockholm bezahlen, so daß die Käuffer, Gott gebe glückliche Wiederkunfft, nichts anders alss die andre halbe Heuer un was das Schiff in uns auss an Ungeldt erlegen muss zu geben schuldig seindt, Mittelss fährt das Schiff uff eines ieden gefahr, so lange es aber noch uff der Lastadie stehet, und noch nicht völlig geliefert, desswegen muss Cluff Voigt die Sorge und Last tragen.*

14. *Undt da zum Vierzehnden der besprochene holländische Zimmermeister noch wass, so der Proportion nicht gemäss oder zu beforderung der Seglation zu endern hätte, wollen sich sowohl Cluff Voigt, alss die andren Freunde, wenns dem Bestück nicht zuwieder, gerne gefallen lassen. Wann demnach so thanes Schiff durch das besprochene holländische*

Meister, also auff treue undt glauben von düchtigem Holtze, starcken und gesunden Plancken, Kehl und Barckhöltzern, Kniehen und Schlagstümern, worauff der Schiffer Jochim Wilcken acht haben soll, gezimmert, mit Masten, tawen, Anckern und andern Eysenwerck, item mit einem newen Schiffspooth wohl versehen, auch die aussrehdung mit der halben heuer nach Stockholm besagter massen geschehen undt alles so hierin ohnmöglich zu specificiren, dabey ohn Mangel ist, so versprechen obbesagte undt unterschriebener Käuffer Cluff Voigten dafür zu geben 8800 Reichsthaler und zwar also, wen der kehl gestreckt von jeden achtel Part Einhundert, wen das Schiff wills Gott segelfertig ist, den Rest als Einhundert Sechss und Sechsszig und 2/3 Reichsthaler ohne Auffenthalt danckbar zu bezahlen. Damit nun solches alles ohn wiederrufflich gehalten undt eine jede Partye desto mehr versichert seyn möge, ist dieses zweymahl eines lauts geschrieben undt von beiden Partheyen eigenhändig unterschrieben.

Geschehen in Wissmar den 11. Tag des 1664 Jahres.

Zusatz zum Contract zwischen Schiffszimmermeister Cluff Voigt und nachgeordneten Partheyen:
(aus Königl, schwed. Tribunalsakte S – 43)

Nachdemmahl das Schiff nunmehr schon auffgesetzet und fünff Fusz länger gestellt worden, seint Cluff Voigt von den sämbtlichen hierwegst specificirten Herrn und Freunden annoch über obiges zugeleget dreyhundert Marck, so dasz er in alles drey Tausend Reichsthaler, drey- und dreyssig und ein Drittel Reichsthaler dafür haben solle, Undt zwar in dreyes terminen. Alles sonder argeliste.

Geschehen den 28. Mart 1664

Heinrich v. Deilen	*1 Achtel Part*
Antonius Scheffell (D)	*1 Sechszehndel Part*
Casper Schwartzkopf (D)	*1 Sechszehndel Part*
S. M. Lang	*1 Sechszehndel Part*
Gert Schlaff	*1 Sechszehndel Part*
Hanns Schlymann	*1 Achtel Part*
Johan Rathke	*1 Achtel Part*
Jochim Rathke	*1 Achtel Part*
David Schmieden	*1 Sechszehndel Part*
Olof Vaget	*1 Sechszehndel Part*
Der Schiffer	*1 Achtel Part*

Vorgesetzte Copey mit ihren Unterschriften ist dem Original nach fleissig gehaltner collation in allem zustimmig, welches mit eigenhändiger ab- und unterschrift bezeuget collationirt zu Wismar
des 5. April 1664

Joachim Schröder
kayserl. offenbarren
Notarius

(Anmerkung: Im Contract vom 11. Januar 1664 sind die Anteile auf fünf Personen verteilt. Drei Monate später sind es bereits elf Personen, die entsprechende Anteile erworben haben. Das bei dem zweiten und dritten Teilhaber in Klammern gesetzte D bedeutet Dominus – Ratsherr.)

Leider war diesem Schiff, das auf den Namen DER JÄGER getauft worden war, keine lange Einsatzzeit vergönnt. Bereits 1665 strandete die Fregatte und mußte als Totalverlust abgebucht werden. Ein angestrebter Prozeß der Reeder gegen Schiffer Wilcken vor dem Königlich schwedischen Tribunal zu Wismar ging zu Gunsten des Schiffers aus. Es konnte ihm kein schuldhaftes Verhalten nachgewiesen werden. DER JÄGER war das erste auf mecklenburgischem Territorium als Fregatte bezeichnete Kauffahrteischiff, wenn Wismar auch zu dieser Zeit entsprechend den Festlegungen des Westfälischen Friedens zu Schweden gehörte.

1669 gab es in der Seestadt bereits ein neues Fregattschiff von 110 Lasten. Es war das drittgrößte Schiff der städtischen Flotte nach zwei Pinaßschiffen. Der Name und der Erbauer dieses Fahrzeuges konnten nicht nachgewiesen werden.

Daß Fregattschiffe in der Ostsee bald überall in Fahrt gebracht wurden, war eigentlich keine Besonderheit. Diese Schiffe waren jedoch von Anfang an um einiges kleiner als die in der Nordsee und im Atlantik. Das hatte zumeist recht einfache Gründe. Häufig bestimmten die Wasserverhältnisse der Buchten und Flußmündungen die Schiffsgrößen. Das traf nicht nur auf die Fregattschiffe zu. Einige der Städte lagen weit flußaufwärts bzw. tief in Buchten und Haffgewässern. Man mußte sich also den natürlichen Gegebenheiten anpassen. Die Technik zur Vertiefung von Fahrwassern war noch nicht so weit entwickelt, um überall günstige Bedingungen zu schaffen. Zu diesen Städten gehörte auch Stettin, das immerhin rund 60 Kilometer im Landesinnern liegt. Die schwedische Admiralität in Karlskrona, die während des Nordischen Krieges (1700 bis 1721) eine große Anzahl Schiffe außerhalb der eigenen Landesgrenzen bauen ließ, vergab 1706 an Stettiner Werften den Auftrag zum Bau von drei Schiffen. Zwei dieser Schiffe wurden bereits im März desselben Jahres als Fregatten von 60 bis 70 Last in der Oderstadt auf Kiel gelegt. 1765 wurden erneut Fregatten im Stettiner Schiffbau erwähnt. Es muß sich um Kriegsschiffe gehandelt haben, da sie mit 20 bis 40 Kanonen bestückt waren und Fregatten zur damaligen Zeit nicht mehr als 200 Last haben sollten. Die Zunft der Schiffszimmerleute klagte darüber, daß den Bau größerer Schiffe der »Mangel an Wasser« verhindert. Da an der Ostsee keine Gezeiten wirken, konnten hier auch nicht wie an der Nordsee- oder Atlantikküste die Fluthochwasser ausgenutzt werden. Wurden doch einmal größere Schiffe gebaut, so wurden in der Regel mehrere Jachten gemietet, die, mit dem Schiff verbunden, zuerst geflutet und dann wieder gelenzt wurden. Dadurch hob sich das Schiff und konnte über Untiefen und Bänke bis in tiefes Wasser gebracht werden. Der gleiche Vorgang wiederholte sich in umgekehrter Reihenfolge beim Absenken des Schiffes. In Holland war dieses Problem bereits über einen längeren Zeitraum auf andere Art und Weise gelöst worden. Dort benutzte man »Kamele«, Hebepontons, die eigens für solche Aufgaben entwickelt worden waren. Das Fluten von Jachten, um große Schiffe in See zu bringen, war in den Boddengewässern, besonders aber in Ribnitz und Damgarten, noch bis zum Ende des 19. Jahrhunderts üblich. Aus noch vorhandenen Rechnungen läßt sich dieser Vorgang an Hand der Kosten für »Jachtmiete« nachweisen.

Auch Danzig baute und bereederte Fregattschiffe. Offensichtlich hatten die dortigen Schiffbauer damit einen guten Ruf erworben. So kaufte der Altonaer Reeder Conrad Matthiesen im Jahre 1761 in Danzig eine neue Fregatte. Er kaufte aber auch im gleichen Jahre eine solche im italienischen Livorno. Vermutlich war erstere für Fahrten in die Ostsee, letztere aber für Fahrten in das Mittelmeer vorgesehen. Auch Kiel und Flensburg brachten Fregatten in Fahrt. So bat 1746 in Kiel der Kaufmann Berend Jacob Tamsen den Rat um einen Schiffbauplatz, um eine Zweideckfregatte von 42 Ellen (ca. 36,50m) bauen zu können. 1777 begann der Bau des Eiderkanals (bis 1785). Eine Reihe von Kaufleuten, besonders in Kiel, begann, sich auf die zu erwartende Kanalfahrt einzurichten. Bereits drei Jahre vor Vollendung dieses Projektes brachte der Kieler Rat 1782 eine Vorlage ein, in der es um die Schaffung neuer Schiffbauplätze vor der Stadt ging. Begründet wurde der Antrag an den Schleswig-Holsteinischen Konferenzrat von Stemann damit, daß sich diese Werften vorzüglich zum Bau von Fregatt- sowie Kanalschiffen eignen würden.

Wenn man die vorhandenen Schiffslisten der Reedereien an der Ostsee überprüft, muß man feststellen, daß hier die Fregattschiffe schon immer eine untergeordnete Rolle spielten. Gemeint sind hier in erster Linie die Kauffahrteischiffe. Als Kriegsschiffe gab es sie besonders bei den Schweden und Dänen sowie in Rußland. Zu nennen wäre in diesem Zusammenhang noch die preußische Marine, die zu verschiedenen Zeiten Fregatten in ihrer Flotte führte.

Der Verkehr in der sogenannten europäischen Fahrt wurde vorwiegend mit anderen Schiffstypen abgewickelt. So ist es nicht verwunderlich, daß bereits 1877, als von deutschen Häfen aus noch rund 70 hölzerne Fregatt- bzw. Vollschiffe bereedert wurden, in Danzig bei J. W. Klawitter mit der WILHELM LINCK das letzte hölzerne Vollschiff an der deutschen Ostseeküste vom Stapel lief. Es war für Reeder G. Linck in Danzig bestimmt. Das Schiff hatte eine Länge von 39,50m, war 10,17m breit und bei einer Raumtiefe von 6,80m mit 668 NRT vermessen. Dagegen steht 13 Jahre später der letzte hölzerne Vollschiffneubau an der Nordseeküste. Bei Rickmers Reismühlen, Rhederei & Schiffbau AG lief im Jahre 1890 die ETHA RICKMERS vom Stapel. Dieses Schiff hatte weit größere Maße. Es war 72,50m lang, 11,88m breit und 8,09m tief im Raum. Die Vermessung von 1771 NRT ergab die 2,6fache Größe gegenüber der WILHELM LINCK.

Von den beiden mecklenburgischen Seestädten war es vor allem Wismar, das im 17. und 18. Jahrhundert Fregattschiffe bereederte. Für Rostock konnten in diesem Zeitraum keine solchen Fahrzeuge nachgewiesen werden. Neben dem bereits genannten Schiff DER JÄGER wurden später weitere Fregattschiffe gebaut. 1749 strandete das Wismarsche Fregattschiff DER GECRÖNTE FRIEDE des Schiffers Peter Bruer bei Milsdroy an der preußischen Küste. Vom Schiff konnten nur noch Teile der Takelage gerettet werden, die dann für 300 Taler verkauft wurden. In einer Debitsache (Verkauf/Absatz) wird 1781 ein Fregattschiff WILHELMINA von 125 Lasten genannt. Schiffer war Hinrich Vasmer, seine Reederei das Handelshaus Wahrendorff. 1784 verkauften Wismarsche Reeder ihr Fregattschiff DIE HARMONIE in Hamburg an einen Holländer. Dieses Schiff war einst als Brigantine gebaut worden. Bei der Überprüfung der Unterlagen fand sich leider kein Hinweis, warum aus dem ehemaligen Zweimaster ein Dreimaster geworden war.

Das Stettiner Handelshaus Velthusen & Sohn hatte in Wismar eine große Filiale. Ein Teil der Schiffe wurde in Wismar registriert und auch hier gebaut. Dazu gehörte u. a. die 1784 von J. C. Smidt gebaute HEDEWIG ELEONORA. Einige Jahre später kaufte der Reeder die 1787 in Stockholm vom Stapel gelaufene CAROLUS von 150

Lasten. Dieser Dreimaster war das größte in Wismar bereederte Fregattschiff. Von 1805 bis 1810 wurden in der Stadt noch drei weitere Schiffe dieses Typs genannt, die aber alle relativ klein waren. Nach den vorhandenen Frei- und Meßbriefen waren das 1805 DIANA von 101,5 Lasten, 1808 ELISABETH von 95 Lasten und 1810 ANNA MARIA von 98 Lasten. 1813 wurde, noch während der Besetzung Wismars durch französische Truppen, durch den Schiffszimmermeister J.C. Hammer das letzte Fregattschiff in der Seestadt auf Kiel gelegt. Die CLAUS THEODOR wurde mit 137 Commerzlasten vermessen. Das Schiff war für das Stockholmer Handelshaus Schmidt & Co. bestimmt. Es wurde in Wismar von Schiffer Gustav Gerdes übernommen. Wismar besaß später, als das Vollschiff sich auf allen Meeren in seiner Vollendung zeigte, keine vollgetakelten Dreimaster mehr.

In Rostock dagegen gehörten solche Schiffe erst ab der Mitte des 19. Jahrhunderts zur Flotte. Es begann mit zwei Neubauten im Jahre 1856 auf heimischer Werft bei W. Zeltz. Das waren die Vollschiffe ALT MECKLENBURG und MARGARETHE ROESNER. Sie blieben gleichzeitig die einzigen hölzernen Neubauten ihrer Art in der Stadt. Die kleinere MARGARETHE ROESNER wurde 1865 in PROMETHEUS umbenannt und 1870 zur Bark getakelt. Das kupferfeste Schiff ging 1881 durch Strandung verloren. Die ALT MECKLENBURG wird gesondert beschrieben. 1861 wurde die bereits 20 Jahre alte HENNY ex CAIRO durch Reeder J.D. Capell angekauft. In Rostock wurde sie in BLÜCHER umbenannt. Das gekupferte Vollschiff war 1841 in Medfort in den USA gebaut worden. 1865 übernahm W. Zeltz die Korrespondenz über das Schiff. Es war noch bis 1876 für Rostock in Fahrt. Am 11. April 1876 stand eine kurze Notiz in der Rostocker Zeitung: *Das hiesige Fregattschiff* BLÜCHER *(Hintze), welches am 9. Dezember (1875, d. V.) von Darien nach Hull gesegelt ist, ist bis heute daselbst nicht angekommen, und ist über Schiff und Leute leider nichts wieder gehört worden.*

Nach 35 Jahren Seedienst blieb das Schiff verschollen.

Neben der BLÜCHER wurden in Rostock sechs weitere hölzerne sowie später vier eiserne Vollschiffe bereedert, die alle angekauft wurden. Die hölzernen Schiffe waren ALMA CARR, MAY QUEEN, ERNA PAETOW, URANUS, ALINE und NORTHAMPTON. Keines dieser hölzernen Schiffe ging auf normalem Wege aus der Flotte, auch nicht die zwei in Rostock gebauten Fahrzeuge. Neben der verschollenen BLÜCHER gingen allein fünf durch Strandung verloren, zwei sanken, eines wurde kondemniert. Die Ankauftonnage wies teilweise ein beträchtliches Alter auf. Zwischenzeitliche, auch kleinere Havarien beschleunigten den vollständigen Verlust. Ein Beispiel dazu ist die MAY QUEEN. Am 25. Juli 1869 traf sie von Miramichi kommend vor Belfast ein. Beim Einsegeln in den Hafen geriet sie auf Grund und saß fest. Am 27. Juli wurde das Schiff ab- und in den Hafen eingebracht. Die MAY QUEEN machte so stark Wasser im Raum, daß sie gedockt werden mußte. Bei der anschließenden Seeamtsverhandlung zur Havarie stellte sich bei Befragung des Kapitäns Mundt und seiner Besatzung heraus, daß das Schiff beim Absegeln in Miramichi dort ebenfalls schon eine Grundberührung gehabt hatte. Nach erfolgter Reparatur in einer Belfaster Werft wurde die MAY QUEEN weiter in der Atlantikfahrt eingesetzt. Ihre erste Überfahrt fiel in die Zeit der Herbst- und Winterstürme, die dem Schiff alles abverlangten. Am 19. Januar 1870 ereilte die MAY QUEEN ihr Schicksal. Auf Reise von Havanna nach Pensacola strandete das Schiff kurz vor Er-

Fig. 13 PAMPA, gebaut 1891 auf der Neptun-Werft, Rostock, Reederei F. Laeisz, Hamburg

reichen des Bestimmungshafens und wurde vollständig wrack.

Neben den hölzernen Vollschiffen, von denen das größte die NORTHAMPTON mit 1171 RT war, gab es in der Rostocker Flotte vier eiserne Vollschiffe. Allein drei von ihnen wurden 1890/91 angekauft. 1895 folgte als viertes Schiff die POONAH. Die 1891 angekaufte PLUTO war bereits 30 Jahre im Seedienst, bevor sie nach Rostock kam. Bereits 1893 mußte dieses Vollschiff als verschollen gemeldet werden. ENNERDALE (1233 RT) und BEN VOIRLICH (1474 RT) waren die größten für die Stadt in Fahrt befindlichen Vollschiffe. Sie wurden später beide zu Barken umgetakelt und gingen 1901 bzw. 1902 durch Verkauf nach außerhalb. Die Ära der Rostocker Vollschiffe hatte nicht einmal 50 Jahre gedauert. Es waren im Betrieb dieser Schiffe nur wenige Vorteile gegenüber etwa gleichgroßen Barken zu bemerken gewesen. So war es verständlich, daß das Umtakeln zur Bark vorwiegend aus Kostengründen erfolgte. Allerdings muß man anmerken, daß keines der in Rostock bereedeten Vollschiffe die Schärfe und damit auch die Geschwindigkeit eines Klippers oder Mediumklippers erreichte.

33 Jahre nach dem Stapellauf der ALT MECKLENBURG wurde 1889 bei der AG »Neptun« in Rostock ein stählernes Vollschiff gebaut. Es war die SENATOR VERSMANN von 1343 BRT für die Hamburger Reederei A. H. Wappäus. Auch die beiden im Jahre 1891 von der AG »Neptun« gebauten Vollschiffe waren für Hamburger Reeder bestimmt. Das waren die PAMPA (1777 BRT) für F. Laeisz und die größte der drei Einheiten, die ARIADNE (1785 BRT) für M. G. Amsinck.

Eines der ersten eisernen Vollschiffe im Ostseeraum war die zu 679 BRT vermessene DORIS BRODERSEN, die 1875 von der

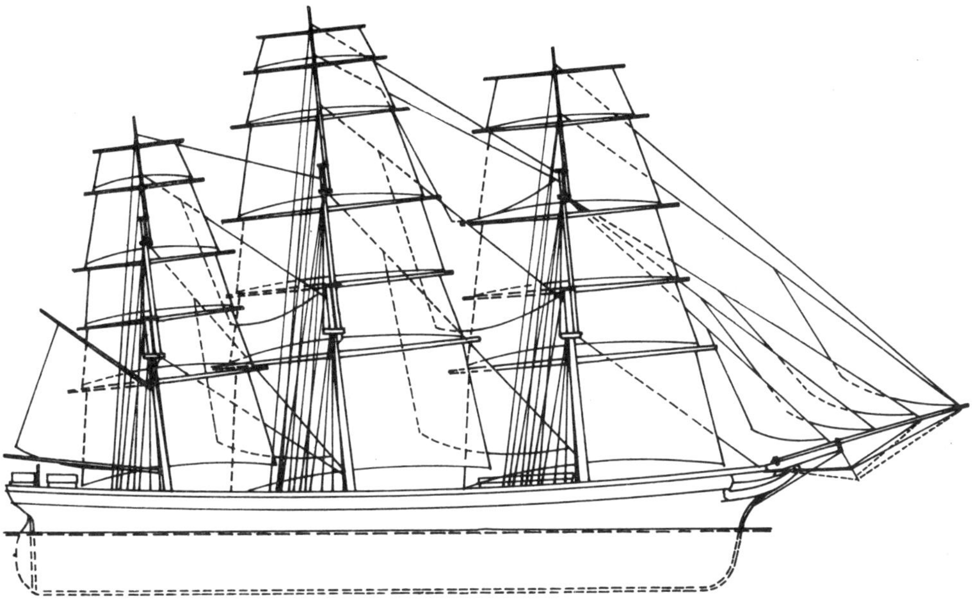

Fig. 14 Doris Brodersen, gebaut 1875 von der Flensburger S. B. G., Nordby Fanö

Flensburger Schiffbaugesellschaft in Flensburg für Actieselscabet »Nordby« in Nordby auf Fanø gebaut wurde. Von gleicher Werft folgten bis 1886 noch fünf weitere eiserne Vollschiffe. Die 1877 als Baunummer 9 auf Helling liegende Schiffswerft hatte 905 BRT. Tatsächlich wurde dieses Schiff unter dem Namen Luigia an Luigia Sanguinetti in Spezia (Italien) abgeliefert. Als erstes Vollschiff über 1 000 BRT ging im gleichen Jahre wie die Lucia bei der Flensburger Schiffbaugesellschaft die Constance mit 1 004 BRT zu Wasser. Sie war für die Reederei D. Haye in Brake bestimmt. Später kam sie an die Gebr. Herstede in Elsfleth. 1878 folgte mit 1 092 BRT die Thalia für die Reederei Pflugk in Hamburg. Erst sechs Jahre später ging ein weiteres Vollschiff aus Eisen zu Wasser. Die zu 1 783 BRT vermessene Libussa kam 1884 als Neubau an die Reederei A. D. Bordes in Dünkirchen. Der Name war noch vor der Auslieferung in Strasbourg geändert worden. Die Ferdinand Fischer (1 782 BRT) war der letzte bei der Schiffbaugesellschaft vom Stapel gelaufene dreimastige Vollrigger aus Eisen. Das Schiff wurde nach Fertigstellung 1886 an A. Bunnemann / Bremen übergeben.

In Lübeck waren es vor allem die Werften J. Meyer und P. Heitmann, die durch ihre Schiffsneubauten bekannt wurden. 1840 baute J. Meyer mit dem hölzernen Fregattschiff Stephani das erste von sieben vollgetakelten Schiffen für die Hamburger Reederei Robert M. Sloman. Sie wurden vorwiegend in der Auswandererfahrt eingesetzt. 1871 lieferte P. Heitmann die G. H. Wappäus an die gleichnamige Reederei in Hamburg. Das hölzerne Vollschiff lief zwölf Jahre für diese Reederei. Es wurde 1883 nach Großbritannien verkauft. Dort soll es als Bark zum Einsatz gekommen sein. 1892 kam mit der Senator Pe-

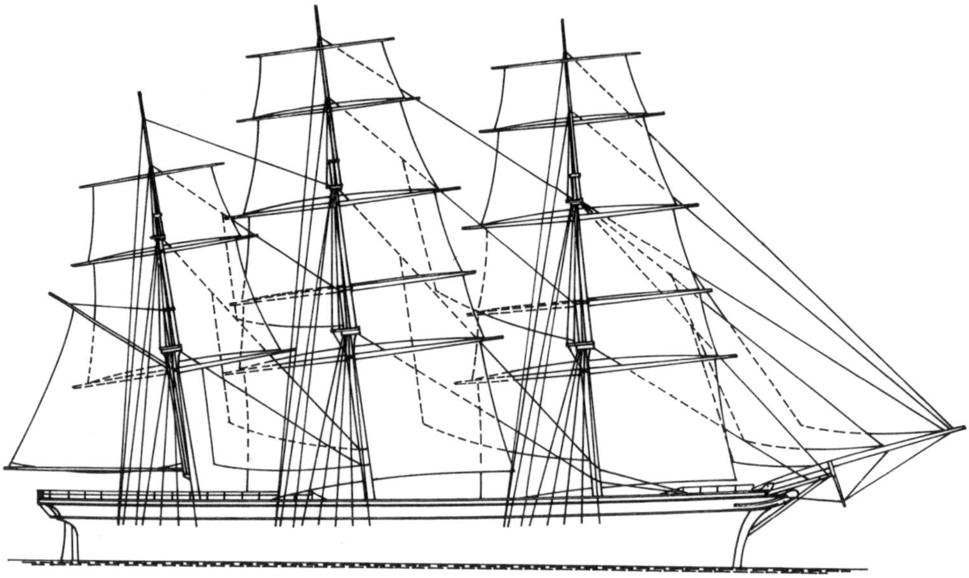

Fig. 15 G. H. WAPPÄUS, Vollschiff in Hamburg

TERSEN (1736 BRT) noch einmal ein Vollschiff aus Lübeck. Es wurde aus Stahl bei Henry Koch gebaut. Es ging ebenfalls an die Reederei Wappäus. Bereits sechs Jahre später wurde es verkauft. Als RODENBEK lief das Schiff nun für Knöhr & Burchard Nachfolger. Das Vollschiff blieb 1906 auf einer Reise nach Sydney verschollen. Auch die Stettiner AG, die bereits in den neunziger Jahren des vorigen Jahrhunderts Dampfschiffe aller Kategorien baute, ließ ein stählernes Vollschiff vom Stapel. Es war die 1893 fertiggestellte PHOS von 1652 BRT. Das Schiff lief von 1905 bis 1910 als NORDSEE bei F. L. Sloman und wurde nach weiteren Verkäufen und Umbenennungen im Jahre 1926 von der A/S Fjong (J. Paulsen) in Arendal (Norwegen) zum Abwracken verkauft.

In anderen Ostseestädten waren vereinzelt Vollschiffe gebaut worden. So lieferte 1824 die Werft Stavenhagen in Anklam ein hölzernes Fregattschiff THERESE an einen Stettiner Reeder. In Wolgast waren, nach einer Zusammenstellung im Stadtarchiv, bis 1810 vier Fregattschiffe von »feindlichen Kapern kondemniert« worden. 1828 kann hier der erste Neubau eines hölzernen Vollschiffes nachgewiesen werden. Schiffbaumeister Gaede schuf für die Hamburger Reederei van Zeller & Co. das Schiff BRASIL PACKET, das 110 Commerzlasten tragen konnte. Die Baukosten betrugen 28000 Reichstaler. Dieses Fahrzeug ist insofern bemerkenswert, weil es das erste in Wolgast gebaute Schiff war, das mit einem Kupferbeschlag versehen wurde. 1855/56 wurde das größte jemals in Wolgast beheimatete Schiff gebaut. Es war wiederum ein Vollschiff. Als Reeder wird der Kaufmann Homeyer genannt, als Schiffsführer die Kapitäne J. Holtz und C. Wallis. In den siebziger Jahren wurde die LEOPOLD nach Danzig verkauft. 1875 fand sich

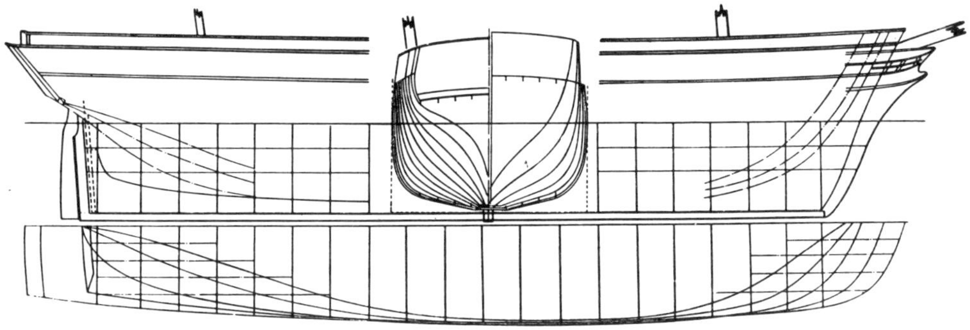

Fig. 16 GUTENBERG, Fregattschiff von Hamburg, gebaut 1847 in Lübeck von J. Meyer

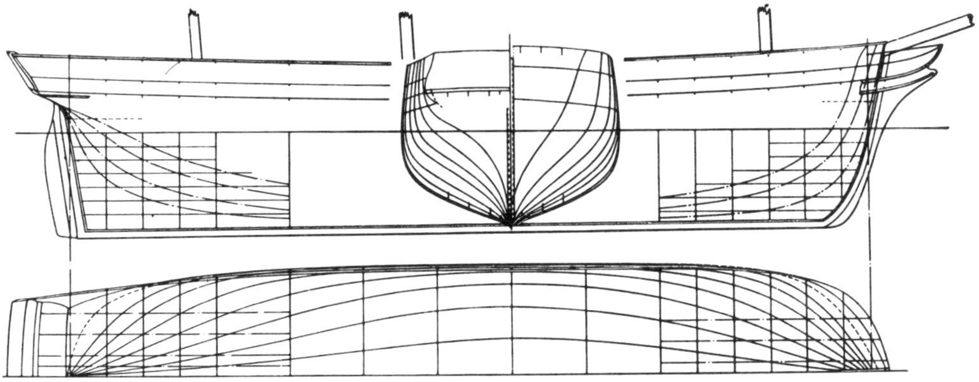

Fig. 17 Fregattschiff, gezeichnet von W. Lignitz, Stettin 1843

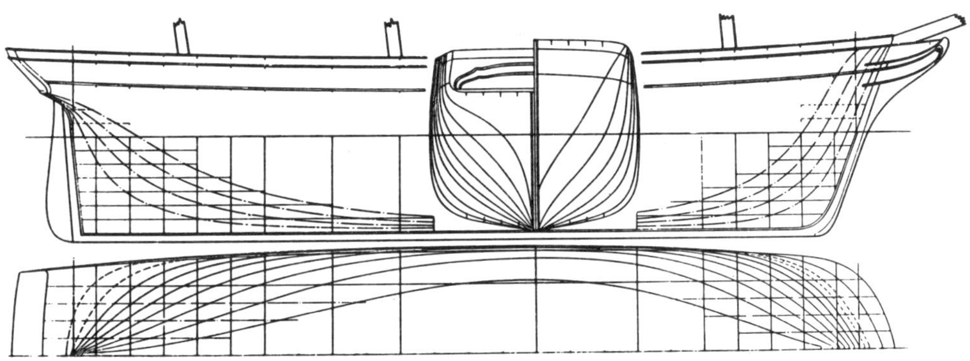

Fig. 18 MARTIN FRIEDRICH von Barth, Fregattschiff, Bielbrief vom 24. Juni 1848

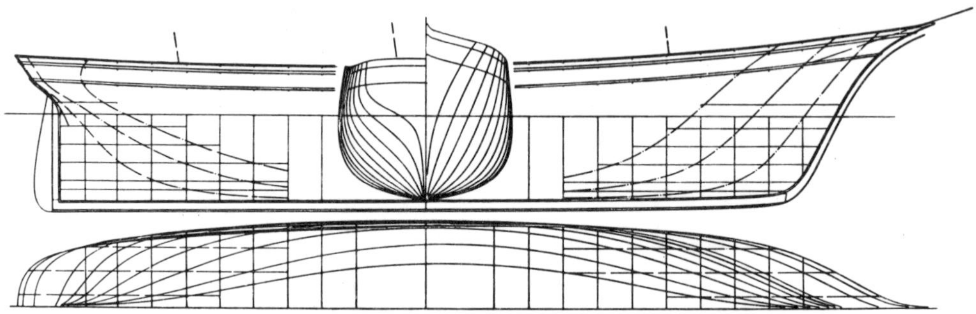

Fig. 19 Impérieuse, Klipperschiff von Hamburg, gebaut 1853 auf Neuhof von E. Dreyer

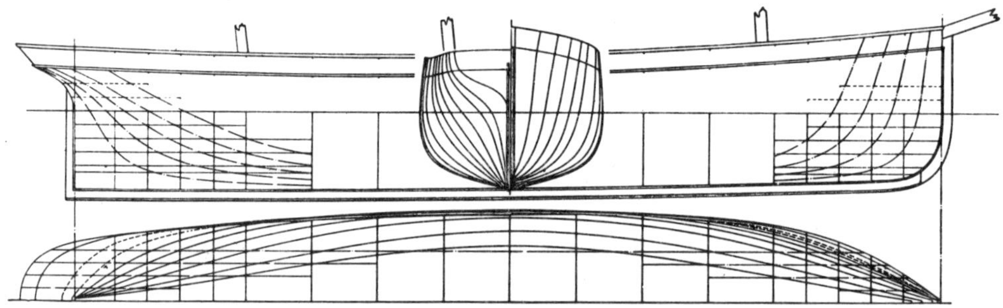

Fig. 20 Esther, Klipperschiff von Altona, gebaut 1861 auf Neuhof von E. Dreyer

der Dreimaster, nunmehr zur Bark umgetakelt, aber noch unter dem selben Namen, bei dem Memeler Reeder Hohorst wieder. Das Umtakeln soll bereits 1873 in Danzig erfolgt sein. 1876 trat die Leopold ihre letzte Reise an. Nach Madeira bestimmt, strandete das Schiff bei Funchal. Auch die zuvor erwähnte Brasil Packet lief nicht lange unter Vollschifftakelung. Bereits nach vier Jahren wurde sie 1832 zur Bark umgetakelt. 1836 wurde der Name in Lusitania geändert. 1844 verkaufte die Reederei das Schiff nach außerhalb.

An der Kanal- und Atlantikküste gab es wesentlich mehr fregattgetakelte Schiffe als in den vorgenannten Regionen. Sie gehörten meist den Handelskompagnien, die diese Schiffe vorwiegend in der Fahrt nach Ost- und Westindien einsetzten. Auch Preußen betrieb zeitweilig eine solche Handelskompagnie von Stettin und Em-

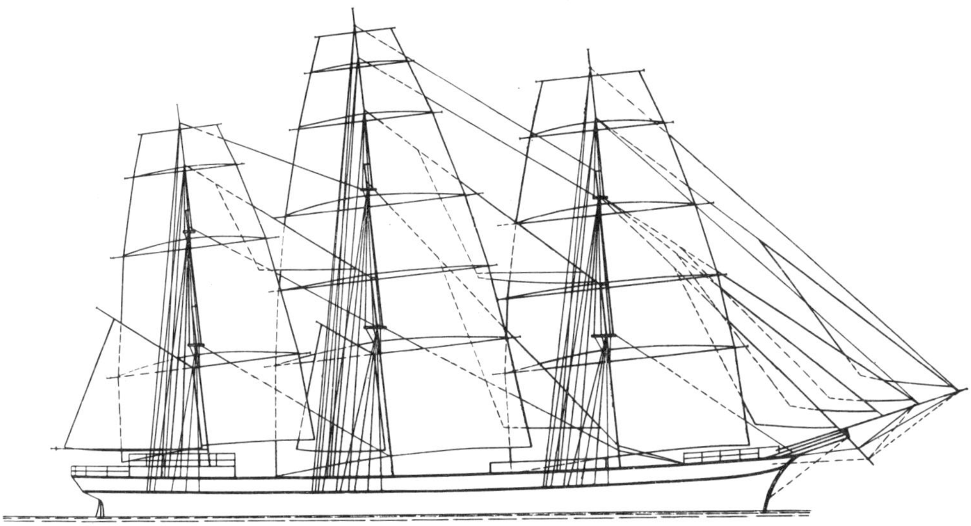

Fig. 21 HELIOS I, gebaut 1866 auf der Reiherstieg-Werft, Hamburg

den aus. Sie nannte sich Königlich Preußische Seehandlung. Haupthäfen an der deutschen Nordseeküste waren Bremen, Hamburg, Emden und später Bremerhaven. Dazu kam noch eine Reihe von Plätzen an der Unterweser und Unterelbe. Die über viele Jahrhunderte bestehende eigenständige Altonaer Reederei kam später durch Eingemeindung an Hamburg. Doch nicht nur die Reedereien und Häfen waren von Bedeutung, sondern auch die Werften. Es gab während der Zeit, als nur Holzschiffe gebaut wurden, deren viele. Als Beispiele sollen Geestemünde, Bremerhaven, Vegesack, Grohn, Fähr, Motzen, Övelgönne und Brake genannt werden. Es gab noch wesentlich mehr. Neben Hamburg spielten die Reedereien und Werften an der Unterweser eine besondere Rolle. Bis in das 20. Jahrhundert wurden von hier aus Vollschiffe ausgeschickt. Nicht alle Schiffe waren an diesen Plätzen gebaut worden. Ein nicht unbedeutender Teil wurde als Alttonnage aus dem Ausland billig gekauft, dort aber auch mancher Neubau bestellt. Darunter fallen vor allem amerikanische und englische Schiffe, aber auch solche aus Kanada, Italien und Frankreich.

Im Zuge des Ankaufs von Alttonnage kamen einige Klipper aus Übersee an die Reeder. Darunter fand sich wohl als berühmtester die 1852 bei Donald McKay in East Boston gebaute SOVEREIGN OF THE SEAS von 2024 ts. Das Schiff wurde bereits zwei Jahre nach seiner Erbauung nach Hamburg angekauft. Es gehörte von 1854 bis 1857 der Reederei Johann Cesar Godeffroy & Sohn. Unter Kapitän Müller machte das Schiff kurz nach dem Ankauf eine Reise von London nach Sydney in der damaligen Rekordzeit von 84 Tagen. 1859, zwei Jahre nach dem Weiterverkauf, soll der Klipper in der Malakkastraße verloren gegangen sein. Weitere bekannte Klipper

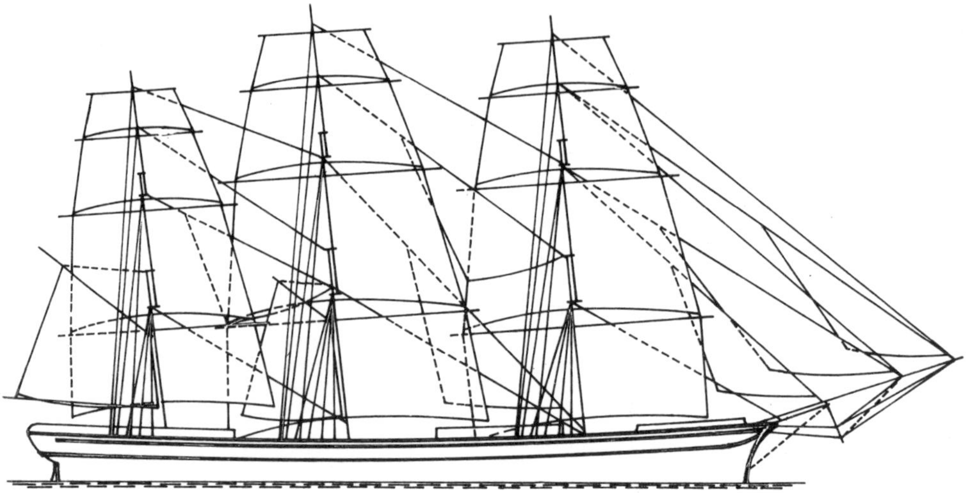

Fig. 22 EUGENIE, gebaut 1865 auf der Reiherstieg-Werft, Hamburg

waren die 1855 in St. John gebaute MORNING LIGHT, die bei Siedenburg, Wendt & Co. in J. W. WENDT umbenannt wurde, die 1855 in East Boston gebaute DONALD McKAY sowie die 1878 in Quincy (Mass.) gebaute RED CLOUD, die unter deutscher Flagge als CARL FRIEDRICH lief. Daneben gab es auch einige wenige, auf deutschen Werften gebaute Klipperschiffe, wie das für Godeffroy auf der Reiherstiegwerft gebaute Schiff LA ROCHELLE oder das bei J. Bruhn in Callö gefertigte extreme Klipperschiff CIMBER. Letzteres war in der CWL 72,47 m lang und auf Spant 12,50 m breit. Die Raumtiefe betrug 6,71 m. Die CIMBER soll gleich auf ihrer Jungfernreise von Liverpool nach San Francisco die Rekordzeit von 103 Tagen herausgesegelt haben.

Die Stadt Bremen beschäftigte schon frühzeitig Fregattschiffe in der Atlantikfahrt. In den Schiffslisten erscheint neben noch älteren Konvoifregatten im Jahre 1695 die vermutlich erste Kauffahrteifregatte, die den Namen DIE WAHRHEIT trug. Das Schiff soll hauptsächlich Routen bis in das Mittelmeer befahren haben. Im Jahre 1797 gehörten sieben Fregattschiffe zur Stadt, 1800 waren es schon 15. Es sollte bis in die zwanziger Jahre dauern, bis wieder vollgetakelte Schiffe in den Bremer Schiffslisten nachweisbar sind. Dafür nahm ihre Zahl dann recht schnell zu. Waren es 1830 erst wieder acht, so gab es 1840 schon 24, und bis 1850 war die Zahl der Vollschiffe gar auf 56 angestiegen.

An der Weser bildeten sich damals einige Reedereien heraus, die schon den Charakter von Aktiengesellschaften trugen. Dazu gehörten neben der Oldenburgischen Reedereigesellschaft die Oldenburgisch-Ostindische Reederei sowie die AG Visurgis. Letztere schickte ihre Schiffe fast ausschließlich zum Walfang aus. Bekannte

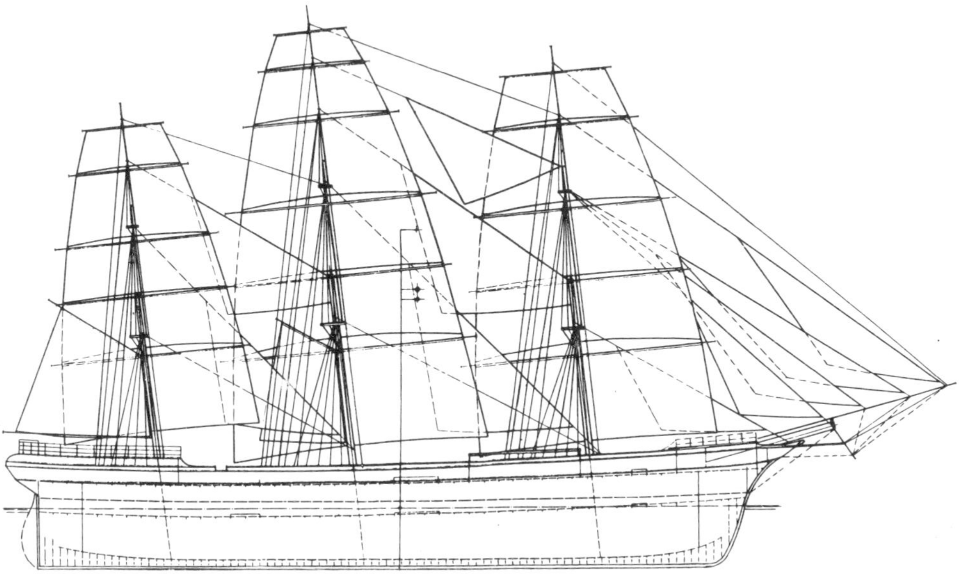

Fig. 23 WILHELMINE, gebaut 1875 bei der AG Weser, Bremen

Walfangschiffe mit Vollschifftakelung waren die OREGON (250 Lasten, gebaut 1841 in Fairhaven/Washington) und die GOTTORP (479 Lasten, gebaut 1857 bei Rickmers/Bremerhaven). Weitere Bremer Walfänger waren die Vollschiffe HANNOVER (220 Lasten), VIRGINIA (200 Lasten), REPUBLIK (400 Lasten), JULIAN (315 Lasten) und AVERICK HEINEKEN (315 Lasten), die zu verschiedenen Reedereien gehörten.

Als erstes Fregattschiff wurde von der Königlich Preußischen Seehandlung 1824 die bereits 1817 in Bremen gebaute MENTOR (225 Lasten) angekauft. Das Schiff war schon zwei Jahre unter Charter der Seehandlung gelaufen, als der Ankauf erfolgte. Es hatte bis dahin der Firma Delius gehört.

Everhard Delius war der preußische Konsul in Bremen und vertrat die preußischen Interessen der Seehandlung in der Stadt. 1824 wurde bei Sager in Vegesack das Vollschiff PRINZESS LOUISE gebaut. 1825 ging auch dieses Schiff an die Seehandlung über. Durch Kauf wurde auch das amerikanische Vollschiff VERMONT (118 RT) erworben, das in CHRISTIAN umbenannt wurde. 1845 ging bei Johann Lange in Vegesack ein Neubau zu Wasser. Es war das Vollschiff PREUSSISCHER ADLER von 480 RT. Das gekupferte Schiff war 36 m lang, 9,15 m breit und hatte eine Raumtiefe von 5,50 m. 1831 wurde die MENTOR für 5000 Taler verkauft, die PRINZESS LOUISE wurde 1846 nach Hamburg veräußert.

Die Werft von Johann Lange in Vegesack bestand seit 1806. Der 1775 in Vegesack geborene Schiffbaumeister machte sich in seinem Heimatort selbständig und entwickelte seine Werft zu einem leistungsfähigen Schiffbauunternehmen. So wurde bei ihm schon 1817 das erste deutsche Dampfschiff WESER gebaut. Von der Schonergaliot ANNA JOHANNA von 70 Lasten bis zum 1893 gebauten stählernen

Vollschiff SCHLIEMANN von 1726 BRT verließen seine Werft alle Arten von Schiffen. Auftraggeber waren u. a. solche bekannten Reedereien wie D.H. Wätjen & Co, H.H. Meyer & Co., F. & E. Delius, Siedenburg, Wendt & Co., D. Cordes & Co. Bis 1860 wurden bei Lange insgesamt 24 hölzerne Vollschiffe für deutsche Reeder gebaut, darunter befanden sich auch fünf für D.H. Wätjen & Co. in Bremen. Diese Reederei war von Dietrich Heinrich Wätjen gegründet worden und wurde später vom Sohn Christian Heinrich Wätjen weitergeführt. Erstes Schiff dieser Reederei war die Galiot JOHANNA von 106 Last. Dieser Galiot folgten noch über 80 Schiffe, darunter 29 Vollschiffe aus Holz, Eisen und Stahl. Somit entwickelte sich diese Reederei zu einer der größten deutschen Segelschiffreedereien, die je bestanden.

Eines der Unternehmen, das bis weit in das 20. Jahrhundert hinein einen wesentlichen Einfluß auf Schiffbau und Schiffahrt an der Unterweser ausübte, war Rickmers. Es wurde durch den von Helgoland stammenden Zimmermann Rickmer Rickmers gegründet. Neben dem Schiffbau auf eigener Werft wurde bald die Reederei und später eine der leistungsfähigsten Reismühlen betrieben. Das Reedereigeschäft der Werft Rickmers begann 1842 mit Anteilen an dem Schoner WESER von 215 BRT, der zusammen mit J. H. C. Winkler sowie Blasius & Imhoff in der Amerikafahrt betrieben wurde. Dieser Schoner wurde 1849 in New York kondemniert. Ab 1842 wurde als weiteres Schiff in gleicher Partnerschaft der 100-BRT-Schoner ATHENE bereedert. Dieser Schoner wurde 1846 verkauft. 1848 baute Rickmers die Brigg BASSERMANN von 205 BRT. Die Brigg strandete 1852 und ging total verloren. Der Brigg folgten 1848 mit 50% Anteil die Galiot MARY (100 BRT), 1856 die Klipperbark CREOLE (437 BRT) als Partenschiff und im gleichen Jahr die Bark JUBILÄUM (520 BRT), die mit Roland & Co. gemeinsam bereedert wurde. 1843 wurde unter der Baunummer 9 das Vollschiff BREMEN (520 BRT) für die Südsee-Compagnie in Bremen gebaut. Das Schiff war ein Walfänger. Rickmers beteiligte sich auch an diesem Schiff mit sechs Aktien. 1845 beteiligte er sich mit sechs Anteilen an dem Vollschiff PATRIOT und 1846 besaß er 25 % am Vollschiff PILOT. Mit steigendem Umfang des Schiffbaues und der eigenen Reederei kam es, daß auf der Werft generell Schiffe gebaut wurden, für die keine Anteile mehr an andere Reedereien vergeben wurden. Als erstes eigenes Vollschiff wurde 1859 das unter Baunummer 37 gefertigte Schiff WILLY (855 BRT) in Dienst gestellt. Das Schiff ging 1868 in der Gaspar-See an einem Korallenriff total verloren. Bei Rickmers wurde es zur Tradition, daß die Schiffe die Namen eines Familienmitgliedes erhielten. Insgesamt wurden auf der Werft 19 Vollschiffe gebaut, die selbst bereedert wurden bzw. an denen das Unternehmen Anteile besaß. Ende der achtziger Jahre wurde neben zwei Viermastbarken ein Vollschiffneubau in England bestellt. Die drei eisernen Schiffe entstanden von 1887 bis 1889 auf den Helgen von Russell & Co. in Port Glasgow. 1887 wurde die Viermastbark RENEE RICKMERS (2135 BRT, Kapitän J.H. Westermeyer) geliefert. 1888 folgte die ROBERT RICKMERS (2262 BRT, Kapitän H. Bruhn). Erstere lief ab 1913 bei Gustav Erikson in Mariehamn als ÅLAND. Sie ging zu Beginn des ersten Weltkrieges an der Küste Neukaledoniens verloren. Die ROBERT RICKMERS blieb 1904 auf einer Reise von Philadelphia nach Hiogo verschollen. Diese Viermastbarken waren die ersten beiden Schiffe bei Rickmers, die mit über 2000 BRT vermessen waren. Der bereits genannte dritte Neubau, der 1889 von der Glasgower Werft ausgeliefert wurde, war ein Viermastvollschiff. Russell & Co. hatten bis dahin schon eine Reihe Viermastvollschiffe gebaut. Im gleichen Jahr war gerade das größte Viermastvollschiff der Welt, die LIVERPOOL (3 396 BRT), an seine Eigner in Liverpool geliefert worden. Das für Rickmers Reismühlen, Rhederei & Schiffbau AG gefertigte Viermastvollschiff PETER RICKMERS war mit 2926 BRT vermessen. Es war 101,19 m lang, 13,41 m breit und 7,77 m tief im Raum. An Ladung konnten bis zu 4 500 Tonnen übernommen werden. Das Verhältnis von Länge zu Breite betrug 7,5:1. An allen vier Masten wurden sieben Rahen geführt. Die PETER RICKMERS wurde vorwiegend in der Reisfahrt eingesetzt. Sie machte einige sehr schnelle Reisen. So wurde die Distanz Rangoon – Bremerhaven 1891 in 93 Tagen durchlaufen. 1899 wurden auf derselben Strecke 109 und 1904 wurden 113 Tage gebraucht. Am 30. April 1908 verließ die PETER RICKMERS den New Yorker Hafen zu einer weiteren Fahrt nach Rangoon. Die Ladung bestand aus 117000 Kisten Petroleum. Wenige Stunden nach dem Ablegen strandete der große Segler auf Fire Island. Nach der Strandung ging das Schiff in Flammen auf, was zur vollständigen Vernichtung führte. Der Verlust war auf fahrlässige Navigation des Kapitäns zurückzuführen, wie später bei der Untersuchung vom Seeamt festgestellt wurde.

Ein weiterer Vollschiffneubau bei Rickmers war die 1896 unter Baunummer 92 fertiggestellte RICKMER RICKMERS von 2 007 BRT. Nach neun Jahren Fahrtzeit als Vollschiff wurde sie 1905 zur Bark umgetakelt. 1912 kam die Bark durch Verkauf an die Reederei C. Krabbenhöft nach Hamburg. Unter dem Namen MAX wurde sie nun vorwiegend in der Salpeterfahrt rund Kap Hoorn eingesetzt. Als Prise 1916 im Kriege genommen, kam das Schiff unter portugiesische Flagge. Zuerst in der Frachtfahrt beschäftigt, erfolgte 1924 der Umbau zum Schulschiff für die Marine. Als Schulschiff fuhr die Bark nun unter dem Namen SAGRES (I). Noch 1956 und 1958 nahm das Schiff an den Windjammertreffen Operation Sail teil. Inzwischen wurde die SAGRES (I) für die Stadt Hamburg angekauft und unter ihrem ehemaligen Taufnamen RICKMER RICKMERS als Museumsschiff eingerichtet.

Zu den großen hölzernen Rickmers-Vollschiffen wurde die 1874 auf eigener Werft gebaute DEIKE RICKMERS gezählt. Sie war mit 1 840 BRT/1 762 NRT vermessen. Am 30. Juli 1874 sollte unter dem üblichen Zeremoniell der Stapellauf stattfinden. Nach dem Kommando »Stopper los« rührte sich das Schiff jedoch nicht von der Stelle. Trotz umfänglicher Bemühungen konnte der Schiffskörper an diesem Tage nicht mehr zu Wasser gebracht werden. Man beschloß, den Stapellauf am 31. Juli zu vollenden. Inwieweit das Schiff wieder gesichert wurde, ist nicht bekannt. In der Nacht vom 30. zum 31. Juli machte sich der Rumpf auf dem Stapel selbständig. Er glitt, von niemandem bemerkt, zu Wasser. Da die sonst üblichen Leinen nicht gespannt waren, drehte der Rumpf in der Strömung ab und legte sich quer in die Geeste. Auf Grund seiner Länge lief der Schiffskörper vorn und achtern auf die Schlickböschungen des Flusses auf und saß dort fest. Als am Morgen des 31. Juli die Arbeiten auf der Werft fortgesetzt werden sollten, war man nicht wenig erstaunt, das Schiff in dieser Lage vorzufinden. Die DEIKE RICKMERS hatte bei diesem eigenständigen Manöver keinen Schaden genommen, was in erster Linie für ihre hohe Festigkeit sprach.

Rickmers Reismühlen, Rhederei & Schiffbau AG konnte es für sich in Anspruch nehmen, die beiden letzten hölzernen Vollschiffe im deutschen Nordseeraum gebaut zu haben. Nachdem am

26. März 1882 nach einem Brand der Kohlenladung die R.C. RICKMERS (I) in der Nähe von Madeira aufgegeben werden mußte, wurde auf eigener Werft 1888 eine neue R. C. RICKMERS (II) gebaut. Sie wurde mit 1663 BRT vermessen. Das Schiff machte einige schnelle Reisen. So versegelte die R. C. RICKMERS (II) 1896 in 119 Tagen von Bangkok zum Kanal und 1899 in 102 Tagen von Singapore nach New York. Nach einer Havarie im Mai 1901 wurde das Schiff in Port Elisabeth (Australien) kondemniert und verkauft. Durch den neuen Eigner gründlich überholt, wurde das Schiff unter italienischer Flagge als THERESA wieder in Fahrt gebracht. Wiederum verkauft, erschien das Schiff 1905 unter norwegischer Flagge als NORDSTJERNEN.

Der R. C. RICKMERS (II) folgte als letzter vollgetakelter hölzerner Dreimaster 1890 die ETHA RICKMERS (IV) von 1771 BRT. Die beiden Vollschiffe unterschieden sich nicht nur in der Größe voneinander. So hatte R.C. RICKMERS (II) noch einen herkömmlichen Bugspriet mit Klüverbaum, ETHA RICKMERS (IV) dagegen einen eisernen Hornbugspriet. Beide Schiffe führten eine relativ hohe, klipperähnliche Takelage. Die Untermasten auf beiden Schiffen waren bereits aus Stahl. ETHA RICKMERS (IV) trat ihre Jungfernreise im Juni 1890 von Gefle mit einer Ladung Holz nach Australien an. Auf der Rückreise kam es zur Havarie. Das Vollschiff kollidierte mit der eisernen englischen Bark KILLEENA. Infolge der großen Schäden sank die Bark.

Ab 1896 baute Rickmers Dampfschiffe für den neu gegründeten Ostasiendienst. Erstes Schiff war die SABINE RICKMERS. Von 1901 bis 1903 wurden fünf Dampfschiffe gebaut. Sie hießen in der Reihenfolge: MADELEINE RICKMERS, ANDREE RICKMERS, ELLEN RICKMERS, ELISABETH RICKMERS und MARIA RICKMERS. Neben Segel- und später Dampfschiffen für die eigene Reederei wurden auf der Werft weiterhin Schiffe für andere Reedereien gebaut.

Eine der bekanntesten Werften an der Unterweser war die von J. C. Tecklenborg in Geestemünde. Hier entstanden viele Segelschiffe, die später in Schiffahrtskreisen berühmt wurden, darunter auch einige der Flying-P-Liner der Reederei Ferdinand Laeisz in Hamburg. Allerdings nimmt sich die Zahl der bei Tecklenborg gebauten Vollschiffe, gemessen an der Anzahl anderer Typen, vergleichsweise bescheiden aus. So liefen von seinen Helgen nur zwei hölzerne Vollschiffe, die beide an einheimische Reeder gingen. Das erste dieser Vollschiffe war die OLBERS (600 Lasten) für D.H. Wätjen & Co. im Jahre 1863. Noch im selben Jahr folgte die VICTORIA (583 Lasten) für H.H. Meyer & Co. 1886 baute Tecklenborg seine erste eiserne Viermastbark. Die RICHARD WAGNER war mit 2084 BRT vermessen. Sie lief noch 1913 als HERA für die Rhederei AG von 1896 in Hamburg. Von 1888 bis 1894 erfolgte in der Werft jährlich ein Vollschiffneubau. 1888 wurde die NAJADE (1752 BRT) an Gildemeister & Ries geliefert, 1889 folgte die PARCHIM (1808 BRT) an F. Laeisz. 1890 wurde mit der PERA (1758) ein weiterer Neubau an Laeisz übergeben. 1891 wurde das Vollschiff RIGEL (1938 BRT) für W.A. Fritze in Bremen fertiggestellt. Dieses Schiff hatte besonders elegante Linien. Es beendete später sein Dasein als Kohlenhulk in Vigo. 1892 wurden, wiederum für F. Laeisz, die Viermastbarken PLACILLA (2845 BRT) und PISAGUA (2845 BRT) gebaut. Daneben entstand das Vollschiff PHILADELPHIA (1805 BRT) für die Reederei Johann Wallenstein. Diesem Schiff folgte 1893 die MAIPO (1674 NRT) für N. H. P. Schuldt. Den Abschluß dieser Serie bildete 1894 die BEETHOVEN (1789 BRT). Dieses Schiff wechselte mehrfach

Eigner und Namen. So fuhr es als OSORNO und später bei Laeisz als PIRNA.

Diesen Vollschiffen und Viermastbarken wurde 1895 mit der Fünfmastbark POTOSI (4026 BRT) für Laeisz die erste auf einer deutschen Werft gebaute Fünfmastbark hinzugefügt. Sie blieb sieben Jahre lang der einzige unter deutscher Flagge segelnde Fünfmaster, bis im Jahre 1902 bei Tecklenborg ein noch besseres Schiff vom Stapel lief. Es war das Fünfmastvollschiff PREUSSEN (5081 BRT). In der Geschichte der Segelschiffahrt steht es mit seiner Takelage einmalig da. Es wurde 1901 von seinem Reeder bei Tecklenborg in Auftrag gegeben. Noch im August des Jahres wurde der Kiel gestreckt. Nach nur siebeneinhalb Monaten Bauzeit lief das Schiff am 7. Mai 1902 vom Stapel. Bis Ende Juli war das Auftakeln und Ausrüsten abgeschlossen. Am 31. Juli 1902 verließ das 8000 Tonnen tragende Fünfmastvollschiff die Weser. Die PREUSSEN machte sehr schnelle Reisen. So wurden z. B. bei der zweiten Reise von Kap Lizard bis Iquique in Chile, einschließlich Rundung Kap Hoorn, nur 58 Tage benötigt. Das allgemeine Mittel auf dieser Strecke betrug 90 Tage. Von März 1908 bis April 1909 umrundete die PREUSSEN den Erdball. Zwischen den einzelnen Häfen wurden ganze Serien schneller Etmale gefahren. Als das Schiff am 31. Oktober 1910 zu seiner vierzehnten Reise die Elbe verließ, konnte keiner ahnen, daß es die letzte werden sollte. In der Nacht vom 6. zum 7. November kam es im Kanal zu einer Kollision. Ein Fährdampfer hatte die Geschwindigkeit des großen Seglers unterschätzt und versucht, noch vor dem Bug vorbeizukommen. Beide Schiffe wurden stark beschädigt. Die PREUSSEN nahm die Hilfe dreier Schlepper an, um sich zur Reparatur nach Dover einbringen zu lassen. Das immer schwerer werdende Wetter verhinderte letztlich alle Rettungsversuche. Der Fünfmaster ging an den Klippen vor Dover total verloren.

Wenn auch die Krönung, so war die PREUSSEN nicht das letzte bei Tecklenborg gebaute Vollschiff. 1901, ein Jahr vor dem Fünfmastvollschiff, wurde mit der GROSSHERZOGIN ELISABETH (1260 ts) das erste Vollschiff für den 1900 gegründeten Schulschiff Verein geliefert. Weitere bei Tecklenborg gebaute Großsegler waren 1903 die Viermastbark PANGANI und 1914 die Bark GROSSHERZOG FRIEDRICH AUGUST. 1926 wurde mit der Viermastbark PADUA der letzte P-Liner gebaut. Heute fährt dieses Schiff als SSS KRUSENSTERN unter der Flagge der Sowjetunion.

Tecklenborgs letzter Großsegler war noch einmal ein Vollschiff. 1927 verließ für den Deutschen Schulschiff Verein das SCHULSCHIFF DEUTSCHLAND (1257 BRT) die Helgen. Dieser vollgetakelte Dreimaster ist noch heute als stationäres Schulschiff in Betrieb.

Daß das Vollschiff bei den Reedereien an der Nordseeküste eine größere Rolle spielte als bei denen der Ostsee, sei noch an einigen Zahlen dokumentiert. Führend waren hier besonders die Oldenburger und Bremer Reedereien. Bis zur Mitte des 19. Jahrhunderts wurden durchschnittlich 50 dieser Schiffe registriert. Diese Zahl stieg. 1860 liefen 74 Vollschiffe, und 1880 wurde mit 83 Vollschiffen die höchste gleichzeitig vorhandene Anzahl dieses Typs erreicht. Selbst noch im Jahre 1890, als bereits überall der Ausverkauf der großen Rahsegler eingesetzt hatte, wurden in Bremen noch 80 Vollschiffe registriert. Allerdings stammte ein Teil dieser Fahrzeuge nicht mehr von deutschen Werften. Schon in der Mitte der sechziger Jahre begann in den USA der Ausverkauf großer und schneller Rahsegler. Das gleiche gilt für Kanada und Großbritannien. Häufig schon zehn bis zwanzig Jahre im Dienst, waren diese Schiffe zu relativ günstigen Bedingungen zu haben. Einige Reeder ließen sich die Gelegenheit nicht entgehen und zogen diese Alttonnage den kostenaufwendigeren Neubauten auf heimischen Werften vor. Stellvertretend soll hier die Reederei Siedenburg, Wendt & Co. genannt sein. Ihr berühmtestes Ankaufschiff war die J. W. WENDT (I). Es handelte sich um das bekannte Klipperschiff MORNING LIGHT von 1399 NRT. Dieser Klipper wurde 1855 bei W. & R. Wright in St. John/New Brunswick in Kanada gebaut. Kapitän Lass konnte mit dem Klipper einige schnelle Reisen für die Reederei verbuchen. Am 21. März 1889 wurde die J. W. WENDT (I) bei einem schweren Sturm unter die Küste von Barnegat (New Jersey) gedrückt und ging durch Strandung verloren.

Ein weiterer Klipper war die CARL FRIEDRICH (2208 NRT). 1882 angekauft, war das Schiff gerade vier Jahre alt. Es wurde 1878 als RED CLOUD bei G. Thomas in Quincy (Mass.) gebaut. Auch dieser Klipper lief gute Etmale. Elf Jahre lief die CARL FRIEDRICH unter Kapitän Fröhlich für die Reederei. Im Dezember 1893 traf es auch dieses Schiff. Auf einer Reise von New York nach Hongkong strandete der Klipper in der Java-See. Einige der Schiffe wurden aus wirtschaftlichen Gründen zur Bark umgetakelt.

In diesem Zusammenhang soll noch eine weitere Reederei erwähnt werden, die ihre Vollschiffe vorwiegend aus Großbritannien bezog. Das war E. C. Schramm & Co. in Bremen, deren Schiffe, ebenfalls teilweise schon von beträchtlichem Alter, häufig noch bemerkenswerte Reisen machten. So wurde 1894 der bereits 1873 bei W. H. Potter & Co. in Liverpool extrem scharf gebaute Juteklipper BRITISH AMBASSADOR gekauft. Bei Schramm wurde er in EMILIE umbenannt. Das Schiff trug einst Skyrahen an allen drei Masten. In den Jahren 1873 und 1874 wurde der Klipper zweimal kurz hintereinander entmastet. Daraufhin wurde die Takelage auf einfache Bramrahen und Royals reduziert. Mit dieser Verringerung der Segelfläche erreichte das Schiff trotzdem noch Etmale von 330 bis 350 Seemeilen. Unter günstigen Bedingungen wurden teilweise bis zu 17 Knoten geloggt. Die Länge der Großrah betrug z. B. 33,26 m. Das war immer noch länger als vergleichsweise die Großrah des Fünfmastvollschiffes PREUSSEN.

Bekannt wurde auch das Vollschiff ADOLF. 23 Jahre nach seiner Erbauung machte es seine schnellste Reise. Die ADOLF lief 1897 in 55 Tagen von Reunion nach Taltal in Chile. Das Vollschiff wurde im Jahre 1912 abgewrackt.

Ein Jahr nach der BRITISH AMBASSADOR war bei W. H. Potter & Co. in Liverpool das Vollschiff OLD KENSINGTON gebaut worden. Es war unter seinem englischen Reeder vorwiegend in der Auswandererfahrt nach Australien eingesetzt. So fuhr es 1875 auf seiner Jungfernreise auf der Strecke Liverpool – Melbourne 77 Tage. 1876 waren es auf der gleichen Route 78 Tage, 1878 waren es 78 Tage und 1880 wiederum 78 Tage. Das beweist, daß dieses Schiff gute Segeleigenschaften besaß. Nunmehr unter Schramm lief es als CHRISTEL vorwiegend in der Salpeterfahrt. Noch nach 25 Jahren Seedienst ließ der nun schon betagte Segler aufhorchen. Im Jahre 1900 fuhr die CHRISTEL vom 10. Augsut bis 15. Oktober in 66 Tagen von Kap Lizard nach Taltal in Chile. Dabei gelang die Rundung von Kap Hoorn (von 50 Grad Süd zu 50 Grad Süd) in acht Tagen. Auf dieser Strecke lag das Mittel bei 85 bis 90 Tagen. Im selben Jahr war nur das Hamburger Vollschiff HELICON noch schneller. Es vollzog die Rundung des Kaps in sieben Tagen und sieben Stunden. Die Gesamtdistanz von Lizard bis Iquique durchlief es in 71 Tagen. Hier betrug das Mittel 90 Tage.

E. C. Schramm & Co. bereederte drei Schiffe, die den Namen HENRIETTE trugen. Erstere, 1869 gebaut, stammte aus Boston. Die zweite HENRIETTE war 1871 bei Barclay, Curle & Co. in Glasgow gebaut worden. Die 1885 bei Palmers Co. Ltd. gebaute HENRIETTE hat eine etwas längere Geschichte. Ihr Taufname war DOVENBY HALL. Von England wurde sie durch die Reederei Johann Friedrich Ahrens angekauft und in SYLPHIDE umbenannt. Nach Übernahme durch Schramm erfolgte die Namensänderung in HENRIETTE. In der Schiffsliste von 1913 finden wir dieses Schiff bei der Reederei August Bolten, Wm. Millers Nachfolger, unter Führung von Kapitän Saurmilch. 1916 wurde das Schiff an die Gebr. Vinnen weiter verkauft. Von hier aus ging es außer Landes. Noch zweimal wurde der Name geändert. Zwischen 1922 und 1928 lief der nunmehr betagte Vollrigger für den Brasilianischen Lloyd unter dem Namen ALMIRANTE SALDANHA als frachtfahrendes Schulschiff.

Wenn es um die Jahrhundertwende durchaus üblich wurde, größere Segler mit einer Hilfsmaschine nachzurüsten oder diese ganz zum Motorschiff umzubauen, so war das nichts Besonderes. Umgekehrt erscheint dieser Weg doch etwas außergewöhnlich. 1865 wurden auf der englischen Werft Robert Napier & Sons zwei Dampfschiffe gebaut, die unter den Namen VILLE DE PARIS und PEREIRE in Fahrt kamen. 1889 wurde die VILLE DE PARIS bei Blyth Dry Dock Co. in Blyth zum Viermastvollschiff umgebaut. An Fock-, Groß- und Hauptmast wurden doppelte Mars- und Bramsegel sowie Royalsegel geführt, der Kreuzmast hatte nur ein einfaches Bramsegel. Das Schiff war nach dem Umbau zum Segler 108,50m lang, 13,30m breit und 8,30m tief im Raum. Die Vermessung als Segler ergab 2708 NRT/2776 BRT. Das Schiff wurde Flaggschiff der Bremer Reederei H. Bischoff & Co. und erhielt den Namen H. BISCHOFF. Unter Kapitän Schwarting lief der Viermaster zehn Jahre für die Reederei. Im Oktober 1900 kam die H. BISCHOFF nach 120 Tagen Reise von Caleta Buena aus tief abgeladen mit Salpeter vor der Elbe an. Bei schwerem Sturm strandete sie am 28. Oktober auf Großvogelsand und ging total verloren. Die Rettungsaktion zur Abbergung der Besatzung verlief dramatisch. Acht Mann der Besatzung des Viermasters und vier Mann von der Besatzung eines Feuerschiffes, das sich an der Rettung beteiligt hatte, verloren ihr Leben.

Das zweite Dampfschiff, die PEREIRE, wurde bereits 1888 von der Chie. Générale Transatlantique verkauft. Es kam an die Reederei A. E. Kinnear & Co. in London. Den Umbau zum Viermastvollschiff besorgte ebenfalls Blyth Dry Dock Co. in Blyth. Obwohl das Schiff die gleichen Maße hatte wie die H. BISCHOFF, ergaben sich durch Veränderungen im Umbau andere Vermessungswerte. Das nunmehr LANCING genannte Schiff war mit 2600 NRT/2678 BRT vermessen. Ihm wurde nachgesagt, daß es sehr schnell war. Es sollen sogar einmal 22 Knoten geloggt worden sein. Kinnear verkaufte den Segler schon nach fünf Jahren nach Sandefjord. Zwei Jahre später lief es bereits wieder unter englischer Flagge bei Ross & Co./London. 1901 bis 1920 gehörte der Viermaster nach Christiansand zur Reederei Johannson. 1920 bis 1925 war die LANCING in Kristiania (heute Oslo) beheimatet. Im Dezember 1924 verließ das Schiff den norwegischen Hafen für immer, um 1925 in der Genueser Werft Frasinetti abgewrackt zu werden.

Nach der Jahrhundertwende konzentrierten sich die Reedereien, die noch große Rahsegler in Fahrt hatten, vorwiegend auf

Hamburg und Bremen. In der Ostsee liefen keine deutschen Vollschiffe mehr. Zu den letzten großen Reedereien gehörten die Rhederei AG von 1896, Ferdinand Laeisz, Knöhr & Burchard Nachfolger, August Bolten Wm. Millers Nachfolger in Hamburg. In Bremen waren es die Bremer Stahlhof AG, D.H. Wätjen & Co., Reederei Visurgis AG und Rickmers Reismühlen, Rhederei & Schiffbau AG. Daneben gab es noch Reedereien, die einzelne bzw. nur wenige Rahsegler betrieben. Vorherrschender Typ war die Viermastbark. Nicht wenige der noch vorhandenen Vollschiffe waren aus dem Ausland. Aber auch die von heimischer Werft stammenden Bremer Vollschiffe in Holzbauweise, KAISER und ROLAND, befanden sich noch darunter. Der erste Weltkrieg wurde zum einschneidenden Ereignis für den Betrieb von Segelschiffen. Über 60 Viermastrahsegler wurden allein durch deutsche Kriegsschiffe, vorwiegend U-Boote, versenkt. Viele der in Fahrt befindlichen deutschen Segler wurden in ausländischen Häfen interniert, später wurden sie ausgeliefert oder abgewrackt. Einige der großen Segler fanden sich in den zwanziger Jahren auf den Ålandinseln wieder. Größter Reeder war dort Gustav Erikson in Mariehamn.

Nicht nur die Ereignisse des Krieges dezimierten die Seglerflotten. Auch eine Reihe von Seeunfällen trug zu ihrer Verringerung bei. Vorwiegend waren es Strandungen, die den Verlust zur Folge hatten.

1906 strandete bei schwerem Sturm das Vollschiff NORDWIND auf den Shetlands. 1908 wurde dem Vollschiff PALMYRA die Strandung auf der Wellington-Insel vor Feuerland zum Verhängnis. Die Besatzung konnte sich in die Boote retten. Diese kenterten jedoch in der Brandung, so daß nur der Kapitän und der Erste Offizier mit dem Leben davonkamen.

Bevor F. Laeisz das Fünfmastvollschiff PREUSSEN bauen ließ, hatte er schon ein dreimastiges Vollschiff PREUSSEN in Fahrt. Im Zuge der Indienststellung des Fünfmasters wurde die ehemalige PREUSSEN in POSEN umbenannt. Dieses Schiff verbrannte 1909 vor der Küste Brasiliens. Der Besatzung war es noch gelungen, einen Teil der Ladung außenbords zu werfen. Darunter befanden sich u. a. 500 Kisten Dynamit und einige Fässer Pulver. Letztlich mußte die Mannschaft in die Boote und die POSEN ihrem Schicksal überlassen. 1910 scheiterte dann die neue PREUSSEN auf die bereits erwähnte Weise auf den Klippen von Dover.

Drei Jahre später gingen die beiden Hamburger Vollschiffe KLIO und PARNASSOS verloren. KLIO gehörte zur Rhederei AG von 1896. Das Schiff war 1888 in Glasgow gebaut worden. Unter Kapitän Müller lief das Schiff 1913 mit einer Ladung Salpeter von Talcahuano in Chile nach der Elbe aus und blieb verschollen. PARNASSOS strandete im gleichen Jahr an der holländischen Küste. Die beiden letzten zu Laeisz gehörenden Vollschiffe gingen ebenfalls durch Strandungen verloren. 1923 strandete die PEIHO in der Le Maire Straße. Die PINNAS folgte 1929. Bei der Rundung des Kap Hoorn wurde das Schiff im Orkan entmastet. Die Strandung an den Klippen des Kaps war danach nicht mehr zu vermeiden.

Im Zeitraum vom 1. Januar 1878 bis zum 31. Dezember 1887 kam es an der damaligen deutschen Ost- und Nordseeküste zu 2443 Havarien und Seeunfällen, daran waren allein 1157 deutsche Schiffe aller Typen beteiligt. Zwischen 1878 und 1882 waren es davon 747 Schiffe.

Bei den Vollschiffen betraf es insgesamt 91 Fahrzeuge. 85 davon havarierten allein im Abschnitt Nachhörn bis Wangerooge. Im gleichen Zeitraum havarierten an der deutschen Ostseeküste nur 5 Fahrzeuge, die als Vollschiffe getakelt waren.

Man kann eine Einschätzung über Bestände, Größenverhältnisse, Fahrtgebiete, Werften, Reeder und Schiffer nicht treffen, wenn man nur einen Schiffstyp abhandelt. Dazu waren die Probleme zu vielschichtig und es würden bestimmte Zusammenhänge verloren gehen. Außerdem wäre Vollständigkeit aller Angaben vorauszusetzen. Es kann deshalb nur global eingeschätzt werden, daß den Reedereien und Werften an der deutschen Nordseeküste bei Bau und Reederei von Vollschiffen das Primat zuzusprechen ist. Die Gründe dafür tragen recht unterschiedlichen Charakter und wurden zum Teil dargelegt. Unverkennbar hat auch am Ende der Frachtfahrt mit drei-, vier- und fünfmastigen Großseglern die Bark das Rennen gemacht. Oberstes Gebot bei der Reederei eines Schiffes ist seine Wirtschaftlichkeit. Aus dieser Sicht wurden auch die meisten Umtakelungen vorgenommen. Das hatte aber letztlich keinen solchen entscheidenden Einfluß mehr, da die Ära der Frachtfahrt mit Segelschiffen allgemein zu Ende ging.

Von der Konvoifregatte zum Schulschiff

Wenn im vorangegangenen Abschnitt vorwiegend Fregatten und Vollschiffe auf deutschen Territorien beschrieben wurden, so ist doch die Entwicklung nicht losgelöst vom internationalen Geschehen zu betrachten. Fregatten wurden in fast allen europäischen Ländern in großer Anzahl gebaut. Die Entwicklung der Fregatten war zum Teil mit den kolonialen Aktivitäten einiger dieser Länder verbunden; nicht unbedeutend waren die politischen und wirtschaftlichen Beziehungen dieser Staaten untereinander. Im 17. und 18. Jahrhundert war ein Teil unserer Erdoberfläche noch nicht erforscht. Entdeckungen wurden deshalb vorwiegend im kolonialen Sinne betrachtet. Eine große Anzahl von Kriegs- und Handelsschiffen zog über die Meere, um Gewürze, Edelhölzer, Gold, Opium und Sklaven zu transportieren. Die Gewinne wurden an europäischen Höfen und in Kaufmannsgilden verbucht. Handelskompagnien und sonstige Vereinigungen waren von Anfang an bestrebt, ihre Interessen und Güter entsprechend zu schützen und zu bewahren. Neben dem allgemein üblichen Konvoiwesen, das einen gewissen Schutz vor Piraterie gewährleistete, wurden auch stärker bewaffnete Schiffe ausgerüstet. Für die Stadt Hamburg waren das zum Beispiel die schweren Fregatten LEOPOLDUS PRIMUS (1668) und WAPPEN VON HAMBURG (1669). Die Stadt Bremen hatte die Konvoifregatten DER GOLDENE LÖWE (1689 von Emden angekauft), DAS WAPPEN VON BREMEN und DE RULAND VON BREMEN (1704) zur Sicherung ihrer Handelsschiffe in Fahrt. Bei den Holländern war es vorwiegend der Zweidecker, der zum bestimmenden Typ wurde.

Zum Ausgang des 17. Jahrhunderts kam es besonders in England, Frankreich, Spanien, Schweden, Dänemark, Rußland, aber auch in anderen europäischen Staaten, verstärkt zum Bau von Fregattschiffen. Bei Zuspitzung der politischen Beziehungen untereinander (z. B. holländisch-englische Kriege, Nordischer Krieg) gewannen die Fregatten in der Auseinandersetzung zur See eine immer größere Bedeutung.

Ein besonderes Problem waren zu dieser Zeit die Piraten an der nordafrikanischen Küste, vor allem aus Algier, Tunis und Tripolis. Die Schädigung des Handels erreichte im Mittelmeer solche Ausmaße, daß sich der überwiegende Teil der europäischen Staaten entschließen mußte, Tribute zu zahlen. Das war eine der Möglichkeiten, um sich vor den schlimmsten Verlusten zu schützen. Schweden hatte sogar von 1794 bis 1801 Schiffszimmerleute in Tripolis, die dort den Bau von Schiffen maßgeblich unterstützten und beeinflußten. Daß mit den dortigen Herrschern geschlossene Verträge häufig nur Fetzen Papier waren, zeigt folgendes Beispiel. Erst 1801 war zwischen Schweden und Tripolis ein neuer Vertrag zum Schutze der Handelsverbindungen geschlossen worden. Anfang Mai 1802 kreuzte eine schwedische Fregatte unter der tripolitanischen Küste. Eines Morgens sahen sich die schwedischen Seeleute von vier tripolitanischen

Korsarenschebecken eingekreist. Die Absicht der Korsaren war eindeutig. Für die Schweden ging es nun um das blanke Überleben. Die erste schwedische Salve erfolgte auf Nahdistanz. Zwei der Schebecken wurden sofort in den Grund gebohrt. Kurz darauf konnte ein dritter Angreifer so stark angeschlagen werden, daß er abdrehen mußte. Der vierte Korsar war sich seiner Beute trotzdem sicher. Auf der Fregatte hatte es schon hohe Verluste gegeben. Auf der Schebecke wurde nun alles zum Entern vorbereitet. Die noch kampffähigen Schweden fochten und schossen wie die Teufel. Unter Anstrengung der letzten Kräfte gelang es ihnen, die Korsarenschebecke zu nehmen und in Schlepp als Prise nach Livorno einzubringen. Es war ein trauriger Sieg. Im Zwischendeck der Fregatte lagen fast 100 tote schwedische Seeleute.

Auch Amerika hatte Handelsbeziehungen mit den Mittelmeeranliegern angeknüpft. So sollen ab 1776 jährlich rund 80 amerikanische Schiffe die Straße von Gibraltar passiert haben. Das machte etwa ein Viertel des amerikanischen Exports über See aus. Ein Teil dieser Schiffe fiel den Korsaren in die Hände. Letztlich zahlten auch die USA Kontributionen an die Barbareskenstaaten. Jefferson legte 1790 dem Kongreß einen Entwurf vor, der den Aufbau einer Kriegsflotte vorsah. Die Schiffe sollten auch gegen die *Berber-Korsaren* zum Einsatz kommen. Das war um so notwendiger, weil die einst während des Unabhängigkeitskrieges vorhandenen 35 Kriegsschiffe nicht mehr verfügbar waren. Sie waren zum Teil verbrannt, gesunken oder gekapert worden. Die kommenden Ereignisse bereiteten jedoch eine andere Entscheidung des Kongresses vor. 1793 kam es auf Betreiben Englands zwischen Algier und Portugal zu einem Vertragsabschluß, der Fragen der Passage der Straße von Gibraltar regelte. Das verschaffte den algerischen Korsaren noch mehr Bewegungsfreiheit. Bis zum Jahresende 1793 wurden allein elf amerikanische Schiffe durch Piraten aufgebracht.

Am 27. März 1794 nahm der amerikanische Kongreß mit Mehrheit das Gesetz zur Schaffung einer Kriegsmarine an. Als erste Maßnahme wurde der Bau von sechs wendigen Fregatten vorgesehen. Die dafür bewilligten Mittel betrugen 688888 Dollar und 82 Cent.

Die Fregatten der Kriegsmarinen hatten sich bis zu diesem Zeitpunkt bereits zu schlanken und wendigen Fahrzeugen entwickelt. Die Anzahl der Geschütze überstieg selten 40. Im allgemeinen wurden 12- und 18-Pfünder-Kanonen geführt. Teilweise gab es auch 24-Pfünder. Bis 1801 sollen für die amerikanische Kriegsmarine 54 verschiedene Kriegsfahrzeuge in Dienst gestellt worden sein.

Als erste der geplanten sechs Fregatten lief am 10. Mai 1797 die UNITED STATES vom Stapel. Sie war ursprünglich zur Aufnahme von 44 Kanonen vorgesehen. Tatsächlich wurden aber 50 Kanonen aufgestellt. Im Juni 1798 ging das Schiff zum ersten Male in See. Dieser Fregatte folgte die in Baltimore gebaute CONSTELLATION. Der Stapellauf dieses Schiffes fand am 7. September 1797 statt. Nur sechs Wochen später, am 21. Oktober 1797, ging in Boston als drittes Schiff die CONSTITUTION zu Wasser. Sie verließ ihren Heimathafen am 22. Juli 1798. Der Konstruktionsentwurf stammte von Joshua Humphrey. Dieser als Konstrukteur und Schiffbauer bekannt gewordene Mann war am 17. Juni 1751 in Haverford (Pennsylv.) geboren worden. Er war auch am Entwurf und Bau der 32-Kanonen-Fregatte RANDOLPH beteiligt.

Die CONSTITUTION sollte die berühmteste der sechs Fregatten werden. Das Schiff war über alles 62,0 m lang, 12,8 m breit und ca. 6,0 m tief. Es wurden 54 (nach anderer Literatur 60) Kanonen geführt. In der unteren Batterie standen 24-Pfünder. Die Besatzungsstärke wechselte zwischen 350 und 400 Mann. Allein für ein Ankermanöver wurden rund 70 Mann gebraucht. An Bord befand sich eine entsprechende Vorrichtung, um Kanonenkugeln selbst gießen zu können. Die Fregatte bestand rund 40 Gefechte siegreich, was ihr den Beinamen *Old Ironsides* einbrachte. Zwei solcher Treffen fanden im Jahre 1812 mit den britischen Fregatten GUERRIERE und JAVA statt. Durch konzentriertes Geschützfeuer war die GUERRIERE zuerst entmastet worden. Danach trafen sie etwa 30 Kugeln unterhalb der Wasserlinie. Das zuerst manövrierunfähig geschossene Schiff sank darauf recht schnell. Das Gefecht mit der JAVA verlief in ähnlicher Weise. Auch diese Fregatte sank. Die GUERRIERE war eine ehemalige französische Fregatte, die die Engländer nach einem siegreichen Gefecht in die eigene Flotte eingereiht hatten.

1860 wurde die CONSTITUTION das erste Schulschiff der Marine-Akademie in Anapolis. 1861 mußte sie wegen des Bürgerkrieges von dort nach New Port (Rhode Island) verlegt werden. Sie kehrte erst im Jahre 1865 nach Anapolis zurück. Sie diente noch bis 1871 als Schulschiff und wurde dann in ihren ehemaligen Werfthafen nach Boston zurückverlegt. Sie ist dort heute, noch immer schwimmend, als Museumsschiff zu besichtigen.

1871 folgte die CONSTELLATION ihrer Vorgängerin als Schulschiff. Von 1894 bis 1914 wurde sie noch in New Port zu Ausbildungszwecken genutzt. Nunmehr 117 Jahre alt, wurde auch dieses Schiff in seinen ehemaligen Werfthafen zurückverlegt. Sie kann heute noch in Baltimore besichtigt werden.

Der Vollständigkeit halber sollen auch die anderen drei Schiffe genannt sein. Als vierte Fregatte lief am 20. Juni 1799 die CHESAPEAKE in Gosport vom Stapel. Ursprünglich für 44 Kanonen vorgesehen, erhielt sie tatsächlich nur 38.

Der CHESAPEAKE folgte nur zwei Monate später die CONGRESS. Der Stapellauf dieses Schiffes fand am 15. August 1799 in New Hampshire statt. Das 38-Kanonen-Schiff wurde 1836 in Norfolk abgewrackt. Als letztes der geplanten sechs Schiffe ging am 1. April 1800 in New York die 44-Kanonen-Fregatte PRESIDENT zu Wasser. In diesem Zusammenhang soll mit der ESSEX noch eine weitere amerikanische Fregatte erwähnt werden. Sie lief bei William Hakket in Neuengland vom Stapel. Bei einer Länge von 45 m und 12 m Breite trug dieses Schiff 26 Stück 12-Pfünder und 16 Stück 24-Pfünder. Die Kosten für diese Fregatte betrugen einst 80000 Dollar. Als am 18. Juni 1812 der amerikanisch-englische Krieg ausbrach, waren alle sieben genannten Schiffe aktiv in Fahrt. Die ESSEX erbeutete während dieses Krieges allein sechzehn englische Schiffe. Es handelte sich dabei vorwiegend um Walfänger.

Einzelne Treffen zwischen Fregatten waren nichts Außergewöhnliches. Am 26. Dezember 1797 kam es im Kanal zu einem Gefecht zwischen der französischen Fregatte NEREIDE von 36 Kanonen und 330 Mann Besatzung und der königlich englischen Fregatte PHÖBE. Der Kampf dauerte über drei Stunden. Letztlich wurde auf Grund überlegener artilleristischer Fähigkeiten der englischen Kanoniere die NEREIDE genommen und als Prise nach Plymouth eingebracht. Auf der NEREIDE gab es 15 Tote und zahlreiche Verwundete.

1798 hatten englische Kriegsschiffe im Mittelmeer mit der französischen Fregatte SENSIBLE eine besonders kostbare Beute gemacht. An Bord befanden sich zahlreiche Kunstschätze aus dem maltesischen Ordensbesitz. Darunter waren das Modell einer Ordensgaleere mit 8 Ruderern sowie ein besonders kunstvoller Desserttisch, beide aus reinem Silber.

Im April 1798 kam es vor Barque zu einem Gefecht zwischen einer französischen und einer englischen Fregatte. An Bord des Franzosen waren zahlreiche Deportierte, die sich auf Überfahrt zur Strafkolonie Chayenne befanden. In diesem Gefecht wurde die französische Fregatte auf den Strand gedrängt und durch die englischen Artilleristen zerstört. Anschließend lief die englische Fregatte auf die Reede von Barque ab und kaperte dort neun französische Schiffe, die zum überwiegenden Teil mit Wein und Branntwein beladen waren. Die Prisen wurden nach Plymouth eingebracht.

Im Februar 1801 belegte England alle schwedischen Handelsschiffe mit einem Embargo. Man schätzte am schwedischen Hofe ein, daß sich zu diesem Zeitpunkt rund 450 Schiffe im Ausland befanden, davon ca. 200 in englischen Häfen. Am 13. März wurde die schwedische Fregatte ULLA FERSEN (20 Kanonen) auf einer Überfahrt nach St. Barthelemy in Westindien von der englischen Fregatte DYRADE genommen. Auf der ULLA FERSEN gab es dabei 5 Tote und 17 Verwundete. Nach der Aufhebung des Embargos wurde die ULLA FERSEN am 24. Juli 1801 wieder freigegeben.

Im August 1801 befanden sich die französischen Fregatten SUCCES und BRAVOURE im Hafen von Livorno. Sie sollten eine Transportflotte mit Truppen und Munition zur Belagerung von Porteferrajo nach Porte Langane absichern. In der Nacht zum 30. August glaubte man, den günstigsten Auslauftermin gefunden zu haben. Der Konvoi hatte kaum 20 Meilen zurückgelegt, als sich ein Geschwader englischer Kriegsschiffe näherte. Während die Transportschiffe mit viel Geschick wieder in Livorno unter den Schutz der Festungsbatterien einsegeln konnten, versuchten die SUCCES und BRAVOURE durch geschickte Manöver und Feuerführung die Engländer von den Transportschiffen fernzuhalten. Als die Flotte in Sicherheit war, versuchten sie, sich selbst vom Feind abzusetzen. Dabei lief die SUCCES in Hafennähe auf eine Sandbank. Sie fiel in die Hände der Engländer und wurde von diesen wieder flott gemacht. Die BRAVOURE konnte nun nicht mehr in den Hafen einsegeln, und der Kommandant entschloß sich, unter die Batterien des Forts Antiguano zu laufen. Bei diesem Manöver lief die BRAVOURE auf eine Klippe. Der Anprall war so stark, daß die Stengen der Masten über Bord gingen. Im Rumpf klaffte ein großes Leck. Die Besatzung rettete sich an Land. Als die Engländer abgezogen waren, konnten lediglich noch einige Geschütze sowie Schiffsinventar geborgen werden. Das Wrack mußte dem Zerstörungswerk der Klippen und Wellen überlassen werden.

Die Aufzählung von gegenseitigen Kaperungen, die auf allen Meeren und zu allen sich bietenden Gelegenheiten stattfanden, ließe sich fortsetzen. Die Verluste für den friedlichen Seehandel und auch für die Kriegsflotten waren hoch. So wurde durch England selbst eingeschätzt, daß während dieses Krieges durch Kaperei von französischer Seite den Engländern 2273 Schiffe mehr genommen wurden als umgekehrt. Dabei sind nicht einmal die Verluste einbezogen, die ohne Gewalteinwirkung, nur durch Wetterunbilden und alle möglichen Arten von Havarien, auftraten. Es waren nicht nur die kriegführenden Seiten betroffen. Jegliche Handelsbeziehungen mit diesen Staaten, durch Kriegsschiffe und Kaper bedroht, wurden eingeschränkt, das hatte hohe wirtschaftliche Verluste zur Folge.

Daß gerade Frankreich zu dieser Zeit hervorragende, schnell segelnde Fregatten von hoher Manövrierfähigkeit baute, wurde bereits erwähnt. Wenig bekannt ist dagegen die Tatsache, daß Frankreich nach der Jahrhundertwende mit einer schiffbaulichen Neuheit auftrat, die leider vorerst keine Fortsetzung fand. 1801 wurde in Bordeaux auf der Werft des Schiffbaumeisters Thibault ein Viermastfregattschiff als Kaperfahrzeug gebaut. Die L'INVENTION hatte für ihre Zeit recht große Abmaße und auch moderne Takelmerkmale. Der Rumpf war 41,14 m lang und 8,23 m breit. Das ergab ein Verhältnis von Länge zu Breite von 5:1. Mit diesem L/B-Verhältnis waren gute Voraussetzungen geschaffen, aus dem Schiff einen Schnellsegler werden zu lassen. Ein Übriges tat die Takelage. An Fock-, Groß- und Hauptmast wurden je vier Rahen gefahren. Neben den Unterrahen waren das einfache Mars- und Bramrahen sowie je eine Royalrah. Am Kreuzmast wurden nur drei Rahen gefahren. Hier fiel die Royalrah weg. Dafür wurde als Ausgleich am Kreuzmast ein recht großes Besansegel gesetzt. Der Baum soll achtern zu zwei Dritteln seiner Länge über das Hackbord geragt haben. Als Kaperfregatte war dem Schiff keine lange Einsatzzeit vergönnt. Es wurde 1802 im Nordatlantik von der königlichen englischen Fregatte IMMORTALITY unter Kommandant Henry Hotham genommen und als Prise in Plymouth eingebracht. Hier wurde das Viermastfregattschiff an private Reeder auf der Kanalinsel Guernsey verkauft. Diese setzten das Schiff in der Atlantikfahrt ein.

Bis weit über die Mitte des 19. Jahrhunderts gab es keine Viermaster mit voller Takelage mehr. Als nächste viermastige Frachtschiffe überhaupt wurden 1824 und 1825 in Quebec die Viermastbarken COLUMBUS und BARON OF RENFREW gebaut. Diesen beiden Schiffen folgte erst 1853 bei Donald McKay in Boston die extrem große viermastige Klipperbark GREAT REPUBLIC, die bereits eine Länge von 101,54 m hatte. Viermastvollschiffe wurden erst ab Mitte der siebziger Jahre des 19. Jahrhunderts in größerer Anzahl gebaut.

Als sich im Jahre 1803 die Wolken eines erneuten Krieges zusammenbrauten, waren es gerade die Engländer, die ihrer Seerüstung ein besonderes Augenmerk schenkten. Welche Bedeutung die Fregatte in der englischen Flottenpolitik hatte, sei an einer Aufstellung der britischen Kriegsflotte aus dem Jahre 1803 dokumentiert. Hier machte die Fregatte den Hauptanteil des Schiffsbestandes der Royal Navy aus, obwohl die Anzahl der Linienschiffe der der Fregatten kaum nachstand.

Mit dieser Konzentration von insgesamt 608 Kriegsschiffen festigte England seine Stellung als Seemacht ständig mehr. Das bestätigte zwei Jahre später auch der Ausgang der Trafalgarschlacht.

Neben dieser militanten Macht zur See spielten in den weiten Seegebieten die Kaper eine besondere Rolle. Sie führten, staatlich sanktioniert, als sogenannte *Privateers* den Handelskrieg. Da für Kaperfahrzeuge der Erfolg zu großen Teilen von überlegener Geschwindigkeit abhing, dabei spielte der Schiffstyp vorerst keine Rolle, soll kurz auf Kaperfregatten eingegangen werden. Ein besonders anschauliches Werk ist dafür die »Architectura Navalis Mercatoria« von F. H. af Chapman. Die Entwürfe des schwedischen Admirals zeigen schlanke Formen. Insgesamt sind in diesem Werk sieben Kaperfregatten dargestellt. Dazu kommt noch eine Reihe weiterer Fregatten. Nach seinen Entwürfen wurden für die königlich schwedische Flotte von 1782 bis 1785 zehn Fregatten zu 40 Kanonen vom Stapel gelassen und in Dienst gestellt. Wie hoch die Arbeit dieses befähigten Mannes eingeschätzt wurde, zeigt ein Be-

Die Schiffe der englischen Kriegsflotte im Jahre 1803

Standorte	Linienschiffe	Schiffe zu 50 Kanonen	Fregatten	Schaluppen
In britischen Häfen	22	1	28	40
Englischer und Irländischer Kanal	17	1	21	25
Westindische Inseln	3	–	4	14
Dünen und Nordseestation	3	1	14	21
Jamaica – Station	10	–	5	2
Amerika und Neufundland	–	1	6	4
Kap und Ostindien	4	6	8	1
Portugal und Gibraltar	1	–	2	2
Mittelmeer	11	2	17	7*
Dienstfertig und im Ausbesserungszustand	9	1	9	6
Noch ungerüstet	83	8	78	49
in Bau	24	–	14	9
Außerdem	7	–	6	1
Gesamt:	194	21	212	181

* Die im Mittelmeer stationierten Schaluppen wurden als Hospital- und Gefangenenschiffe genutzt.

richt des Generaladmirals Henrik af Trolle an den schwedischen König vom 7. November 1782:

Gestern Morgen, 8 Uhr, liefen das 60-Kanonen-Schiff KRONPRINS GUSTAV ADOLF *und die Fregatte* BELLONA *mit 40 Kanonen vom Stapel, nachdem sie in vier Monaten fertiggestellt wurden. Auf dem selben Stapel wurden um 1 Uhr nachmittags desselben Tages Kiele und Steven für das 60-Kanonen-Schiff* FÄDERNESLANDET *und die 40-Kanonen-Fregatte* MINERVA *gestreckt und aufgesetzt. Alle Spanten und alles Holz für diese Fahrzeuge wurden ebenfalls in vier Monaten zugesägt und geformt; das sind Ereignisse, die – abgesehen von den jetzt viel geringeren Kosten als früher – niemals zuvor auf einmal in der Schiffswerft Eurer Königlichen Majestät eingetroffen sind.*

Hier finden wir eines der wenigen Beispiele des früheren Holzschiffbaues, wo mit vorgefertigten Teilen eine rationellere Bauweise angestrebt wurde. Allerdings war dieser Gedanke nicht ganz neu. Zu Zeiten Richelieus lagen in den Marseiller Galeerenarsenalen ebenfalls vorgefertigte Teile. Sie sollen nach Zeichnungen angefertigt worden sein. Sogar die Anzahl der zu verwendenden Bolzen und Nägel war vorgeschrieben. In einem Falle soll eine Galeere aus solchen Teilen innerhalb allerkürzester Frist zusammengefügt worden sein.

Als af Chapman 1808 in Karlskrona starb, hinterließ er eine Reihe hervorragender theoretischer Schriften zur Konstruktion und zum Bau von Schiffen aller Kategorien.

Durch technische Erfindungen begünstigt, begann bei den Fregatten der Kriegsflotten bald eine neue Epoche. So stellte England 1839 mit der CYCLOP die erste Radfregatte in Dienst. Entgegen vielen später gebauten Fregatten, die noch zusätzlich die volle Takelage an allen drei Masten führten, hatte diese Radfregatte eine stark reduzierte Takelage. Sie hatte nur noch zwei Masten. Die Brücke und der Schornstein nahmen den Standort des Großmastes ein. Die Gesamttakelung entsprach der eines Toppsegelschoners. Die Aufstellung der Geschütze war in Breitseite wie bis dahin üblich, wurde jedoch durch die Radkästen beidseitig unterbrochen. Die Radfregatten und -korvetten waren sehr störanfällig, besonders bei Treffern an den Radkästen. Sie wurden insgesamt nur in geringen Stückzahlen gebaut und mußten bald den effektiveren Schraubenschiffen weichen. Wie um die Jahrhundertmitte einige Kriegsflotten mit Fregatten und fregattgetakelten Schiffen ausgerüstet waren, sei an einer kurzen Übersicht um das Jahr 1850 dargestellt:

Fregatten und fregattgetakelte Kriegsschiffe um 1850

Flagge	Linienschiffe	Fregatten	Korvetten
Deutsche Bundesflotte (1851)	–	5	6
Dänemark	6	7	5
England	115	63	29
Frankreich	40	50	40
Griechenland (1852)	–	–	2
Holland (1852)	7	17	15
Norwegen	–	2	3
Portugal	2	6	8
Rußland	54	48	50
Sardinien	–	4	4
Kgr. beider Sizilien	1	5	1
Spanien	2	5	6
Türkei	9	8	8
USA (1851)	19	12 (1. Ranges)	–
Österreich	–	4	6

Für ein Land, das heute keinen direkten Zugang mehr zum Meer hat, soll der Bestand etwas näher erläutert werden. Es handelt sich um Österreich. Die k.u.k. Marine hatte 1850 vier Segelfregatten. Die BELLONA war mit 40 Geschützen armiert. Das waren 2 Stück 48-Pfund-Paixhans, 30 Stück 18-Pfund-Kanonen und 8 Stück 24-Pfund-Carronaden. Das Schiff wurde 1850 gerade in Triest überholt.

Die GUERRIERA trug 44 Geschütze. 1850 wurde die Fregatte desarmiert und im Hafen von Pola als Matrosenkaserne stationiert.

Die Fregatte VENUS war einsatzbereit und befand sich im Seedienst. Sie war ebenfalls mit 44 Geschützen bestückt. Das waren 26 Stück 18-Pfünder, 4 Stück 12-Pfund-Kanonen und 14 Stück 24-Pfund-Carronaden.

Die NOVARA wurde in diesem Jahre im Arsenal von Venedig ausgerüstet und war im Juli segelfertig. Unter ihren 40 Geschützen befanden sich 2 Stück- 60-Pfund-Paixhans. Die Fregatte wurde durch ihre 1850 von Venedig aus begonnene Weltumsegelung weit über die Grenzen Österreichs bekannt.

Von den sechs Korvetten waren 1850 nur drei dienstbereit. Die KAROLINA (24 Geschütze) lag nach Rückkehr von einer Reise aus Kronstadt abgetakelt im Hafen von Pola. Im selben Hafen lagen die CLEMENCA (20 Geschütze) und ADRIA (20 Geschütze), ebenfalls im abgetakelten Zustand. Die Korvette TITANIA ex CESAREA mit 16 Stück 12-Pfündern war unter Kapitän Baron Wedel-Jarlsberg als Instruktionsschiff der Marinekadetten in Fahrt. Einsatzbereit im Hafen Stagno (Dalmatien) lagen die Korvetten VELOCE (24 Geschütze, Kapitän Rubelli) und LIPSIA (20 Geschütze, Kapitän Weiß).

Bereits 1857 besaß Österreich mit den Schiffen ADRIA, DANDOLO, ERZHERZOG FRIEDRICH und DONAU vier Schraubenfregatten. 1862/63 gehörten die Panzerfregatten KAISER MAX, FERDINAND MAX, HABSBURG, PRINZ EUGEN und DON JUAN zur Flotte. Die Fregatte NOVARA war mit Schraubenantrieb nachgerüstet worden.

Größtes Schiff der Deutschen Bundesflotte war die Radfregatte HANSA. Das Schiff war 1847 als UNITED STATES bei William H. Webb in New York für die Black Ball Line gebaut worden. Neben den zwei Schaufelrädern, die je 10,67 m Durchmesser hatten, trug das Schiff Barktakelung mit 1275 m^2 Segelfläche. Der Großmast hatte die stattliche Höhe von 45,95 m. Die 448 kW leistende Dampfmaschine verlieh dem Schiff 10 Knoten Geschwindigkeit. 1849 angekauft, wurde die UNITED STATES als HANSA in die Bundesflotte eingereiht. Die Länge über alles betrug 81,70 m, die Rumpfbreite 12,20 m, über die Radkästen insgesamt 18,30 m. Nach der Auflösung der Bundesflotte wurde das Schiff von der Bremer Reederei W. A. Fritze übernommen und wieder in der Atlantikfahrt eingesetzt. 1857 verkauft, erhielt das Schiff den Namen INDIAN EMPIRE.

Die beiden anderen Radfregatten der Bundesflotte waren Schwesterschiffe. 1839/40 wurde als erstes Schiff die ACADIA bei John Wood in Glasgow für die Cunard Line gebaut. In der Bundesflotte lief sie ab 1849 als ERZHERZOG JOHANN. Auch dieses Schiff kam 1852 an W. A. Fritze nach Bremen. Es wurde in GERMANIA umbenannt und vorwiegend auf der Linie Bremerhaven – New York eingesetzt. Während des Krimkrieges vercharterte die Reederei das Schiff 1855 als Truppentransporter an Großbritannien. 1857 wurde die GERMANIA auf einer Werft an der Themse abgebrochen. Das Schwesterschiff lief 1840 bei Wood vom Stapel. Als BRITANIA kam sie unter die Hausflagge von Cunard. Bis sie im März 1849 in die Bundesflotte als BARBAROSSA eingereiht wurde, soll sie allein 99 Rundreisen auf der Linie Liverpool – Boston absolviert haben. Im Juni 1852 wurde die BARBAROSSA in die preußische Kriegsmarine übernommen. Die ehemalige Barktakelung wurde auf Briggtakelung reduziert. Die Radfregatte durchlief noch verschiedene Stationen. In den letzten Jahren lag sie erst als Wohn- und Wachschiff in Danzig, später als Wohnhulk in Kiel. 1888 wurde das Schiff gesprengt. Beide Schiffe waren je 64,70 m lang und 16,50 m breit. Die mit je 24 Schaufeln versehenen Räder hatten rund 9 m Durchmesser. Die bei Robert Napier & Sons in Glasgow gebauten Seitenbalanciermaschinen verliehen den Schiffen ca. 9 Knoten Geschwindigkeit.

Die Segelfregatte ECKERNFÖRDE war im September 1843 in der königlichen dänischen Marinewerft in Kopenhagen als GEFION für die dänische Marine vom Stapel gelaufen. Aus Eichenholz auf kraweele Art gebaut, war das Schiff unter Wasser mit Kupfer beschlagen. Die Länge betrug ca. 59 m, die Breite 13,5 m. Das Schiff soll unter vollen Segeln bis zu 15 Knoten erreicht haben. 1849 wurde die Fregatte bei einem Gefecht mit Strandbatterien in der Eckernförder Bucht den Dänen genommen. Sie trug 48 Kanonen (2 Stück 60-Pfünder und 46 Stück 24-Pfünder). Im Mai 1852 wurde die ECKERNFÖRDE in die preußische Kriegsmarine eingereiht. Dort erhielt sie ihren ehemaligen Taufnamen GEFION zurück. Als Schulschiff eingesetzt, machte die Fregatte unter preußischer Flagge viele Auslandsreisen. 1864 wurde sie zum Artillerieschulschiff umfunktioniert. 1870 erfolgte die Verlegung nach Kiel und Nutzung als Wohnschiff. Zehn Jahre lag der Segler dort im Hafen. Dann wurde das Schiff abgetakelt. Von 1880 bis 1891 diente der Rumpf als Kohlenhulk für die Kaiserliche Marine in Kiel, dann wurden die Reste in der Marinewerft abgewrackt.

Mit nur 38,50 m Länge war die DEUTSCHLAND die kleinste Fregatte der Bundesflotte. Sie war mit 36 Kanonen armiert und hatte 230 Mann Besatzung. Als sie 1848/49 für die Bundesflotte umgebaut wurde, war das ehemalige Vollschiff bereits 30 Jahre alt. Nach der Desarmierung wurde das Schiff 1852 für 9200 Taler an die Bremer Reederei Roessingh & Mummy versteigert, die es als Kohlentransporter weiter nutzte. Später soll das Schiff an die chinesische Regierung verkauft worden sein. Es soll dort noch über Jahre in der Kriegsmarine gedient haben.

Größte der sechs Radkorvetten der Bundesflotte war die ERNST AUGUST ex CORA. Bei einer Länge von 55,50 m und einer Breite von 17,10 m trug die Korvette 6 Stück 68-Pfund-Bombenkanonen. Sie wurde nach dem Verkauf in EDINBURGH umbenannt. Die FRANKFURT ex CACIQUE war 51,00 m lang, 14,40 m breit und war mit 2 Stück 68-Pfund-Bombenkanonen armiert.

Die GROSSHERZOG VON OLDENBURG ex Inka war 50,30 m lang, 14,80 m breit und wie die FRANKFURT armiert. Nach dem Verkauf aus der Flotte trug dieses Schiff den Namen BELGIUM. Alle drei Schiffe liefen etwa 9 Knoten. Die ERNST AUGUST hatte als Korvette fünf Offiziere und 145 Mann an Bord. Die beiden anderen Korvetten waren mit je vier Offizieren und 96 Mann besetzt.

Die Radkorvette BREMEN war 1842 als LEEDS bei J. Marbs in Altona gebaut worden. Das hölzerne Schiff war 56,00 m lang, 12,70 m breit und als Schonerbrigg getakelt. Die mit je 12 Schaufeln versehenen Räder hatten ca. 6 m Durchmesser. Nach dem Umbau im Dezember 1848 trug sie 6 Bombenkanonen. 1852 wurde das Schiff an die General Steam Navigation Co. in London verkauft. Ihr neuer Name wurde HANNOVER.

Der BREMEN folgte die HAMBURG. Sie war 1841 bei B. Wencke in Bremen ebenfalls aus Holz gebaut worden, war 53,0 m lang, 12,0 m breit und ebenfalls als Schonerbrigg getakelt. Die HAMBURG kam 1852 als DENMARK unter die Flagge der General Steam Navigation Co. in London. Bei der Bundesflotte war sie ebenfalls mit 6 Bombenkanonen armiert. Letzte der sechs Korvetten der Bundesflotte war die LÜBECK. 1844 bei S. H. Morton & Co. in Leith als ROBERT NAPIER aus Holz gebaut, 50,0 m lang, 12,60 m breit und als Schonerbrigg getakelt, kam das Schiff durch Ankauf in die Bundesflotte. Sie wurde ebenfalls mit 6 Bombenkanonen bestückt. Die Kanonen standen je eine vorn und achtern, die 4 weiteren waren in Breitseite jeweils vor und hinter den Radkästen aufgestellt. Das Schiff hatte 2 liegende Einzylinderexpansionsdampfmaschinen. 1852 kam auch dieses Schiff an die General Steam Navigation Co. Es wurde dort in NEWCASTLE umbenannt.

Während in den Kriegsmarinen der maschinelle Antrieb immer mehr Bedeutung errang, ging bei den Frachtseglern die Bestrebung dahin, immer größere, schnellere und leistungsfähigere Schiffe zu bauen. In den vierziger Jahren begann sich ein neuer, meist fregattgetakelter Schiffstyp durchzusetzen. Es war der Klipper. Sein Ursprung lag im amerikanischen Schiffbau, fand aber auch in Europa bald seine Nachbauten. Bekannte Werften an der amerikanischen Ostküste waren die von Donald McKay in East Boston und William H. Webb in New York. Dazu kam noch eine Reihe weiterer Werften. Auch in Kanada wurde dieser Schiffstyp bald in größerer Stückzahl gebaut. Hier wurde neben anderen Werften besonders die der Brüder W. & R. Wright in St. John bekannt. Über einige Klipper, die später an deutsche Reeder kamen, wurde schon berichtet. Waren Mitte des 19. Jahrhunderts die Vollschiffe auf dem europäischen Kontinent rund 600 bis 1000 ts groß, so stieg die Tonnage bei den Klippern sehr schnell weit über 1000 und 2000 ts. In den USA wurden von 1850 bis 1859 72 Klipper über 1500 ts gebaut. 29 davon allein im Jahre 1853. Darunter waren solche bekannten Klipper wie die SOVEREIGN OF THE SEAS (2420 ts), DONALD MCKAY (2595 ts), JAMES BAINES (2515 ts). In Kanada waren es im gleichen Zeitraum rund 30 Klipper über 1500 ts, die dort vom Stapel liefen.

Auch die Takelung der Klipper erreichte neue Dimensionen. Es war nicht ungewöhnlich, daß diese Schiffe an allen Masten bis zu sieben Segel übereinander trugen. Dazu kam ein umfangreicher Besatz an Lee- und Wassersegeln. Auch die Rahen hatten entsprechende Dimensionen. Die 1854 gebaute JAMES BAINES hatte eine Rumpflänge von 266 Fuß (80,86 m) und war 46 Fuß 8 Zoll (14,19 m) breit. Allein die Großrah war von Nock zu Nock 100 Fuß lang (30,40 m). Dazu kamen 62 Fuß (18,85 m) lange Leesegelspieren. Im voll ausgefahrenen Zustand waren das von Nock zu Nock 164 Fuß (49,85 m). Das waren 62 % der Schiffslänge.

Auch der englische Schiffbau hatte bald nachgezogen. Die auf englischen Werften gebauten Klipper und Vollschiffe waren in dieser Zeit zwar nicht alle so groß wie ihre amerikanischen Konkurrenten, aber mit der Zeit wurde der Rückstand eingeholt und so manches noch bessere Schiff gebaut. Von 1850 bis 1859 entstanden in England 46 Vollschiffe und Klipper über 1200 ts. Bekannteste Werften waren die von J. Laing und J. Reed in Sunderland, R. Green in Blackwall (London), A. Stephen in Dundee und A. Hall & Sons in Aberdeen. Gerade bei letztgenannter Werft wurde eine ganze Reihe extrem scharf gebauter Vollschiffe gefertigt. Hier wurde auch eine besondere Form des Buges entwickelt, die sich in einem besonders großen Überhang des Vorstevens zeigte. Diese Bugform wurde als *Aberdeen-Bug* bezeichnet. Das erste Schiff dieser Werft mit solcher Bugform war der 1839 gebaute Schoner SCOTTISH MAID (143 ts). Das erste mit Aberdeen-Bug versehene Vollschiff war die 1845 für die Ostindienfahrt gebaute BON ACCORD (380 ts) einer Londoner Reederei. 1848 entstand die BONITA (299 ts) für die Brasilienfahrt. Bei diesem Schiff stand im Register: *Ist mit dem für gewöhnlich sogenannten Klipperbug in ziemlich übertriebener Form versehen.* Das Vollschiff war 41,06 m lang, 6,86 m breit und hatte 4,72 m Raumtiefe. Das Verhältnis von Länge zu

Breite betrug 6:1. Bei dem im gleichen Jahr gebauten Vollschiff REINDEER (328 ts) betrug dieses Verhältnis sogar 6,2:1. Es war 43,13 m lang und 6,92 m breit.

Auf der Werft von Alexander Hall & Sons wurden neben anderen Schiffstypen, später auch Komposit- und Eisenschiffen, insgesamt 58 hölzerne Vollschiffe gefertigt. Sein größtes hölzernes Vollschiff war die 1855 unter Baunummer 195 gebaute SCHOMBERG von 2284 ts. Sie war das größte in England gefertigte Vollschiff in Holzbauweise, hatte eine Länge von 75,50 m, war 12,86 m breit und 8,81 m tief im Raum. Die Länge der Großrah betrug 33,99 m. Das Schiff war ein Klipper mit einem L/B-Verhältnis von 5,9:1 und war nicht in herkömmlicher Art gebaut worden. Die Außenbeplankung wurde in zwei Schichten in Diagonalbauweise an den Spanten befestigt. Die SCHOMBERG war zur Beförderung von ca. 1000 Personen eingerichtet. An Bord befanden sich 60 Kabinen für Passagiere 1. Klasse. Die Besatzung bestand aus 130 Mann. Die SCHOMBERG machte nur eine Reise. Sie verließ Liverpool am 6. Oktober 1855. Am 25. Dezember kam bei Kap Bridgewater die australische Küste in Sicht. Noch am selben Tage schlief der Wind vollständig ein. Durch die starke Strömung versetzt, strandete der Segler am folgenden Tage und wurde vollständig wrack. Der Kapitän wurde in der später durchgeführten Seeamtsverhandlung von der Schuld an dieser Havarie freigesprochen.

1863 bauten A. Hall & Sons ihr erstes Kompositvollschiff. Es war die REINDEER von 965 ts. 1869 folgte mit der MAY QUEEN (780 ts) ihr erstes eisernes Vollschiff.

Obwohl es schon frühe Nachweise der Kompositbauweise etwa ab 1820 gab, setzte sich diese Bauart erst ab der Jahrhundertmitte durch. Da es nicht sofort verbindliche Baurichtlinien gab, mußten diese Schiffe in der Anfangszeit öfter als andere einer Besichtigung unterworfen werden. Zu den ersten in England gebauten Vollschiffen in Kompositbauweise gehörte die 1851 bei Jordan & Getty in Liverpool gebaute TUBAL CAINE von 787 ts für die Reederei L. H. Macintyre & Co. in Liverpool. Diese Reederei hatte im gleichen Jahr von dieser Werft auch die Kompositbark MARION MACINTYRE (283 ts) gekauft. Der Kompositbau hat nur eine relativ kurze Blüte erlebt, da sich der Eisenschiffbau im gleichen Zeitraum durchzusetzen begann. Das erste eiserne Vollschiff wurde in England schon 1838 gebaut. Es war die IRONSIDES, die bei Jackson, Gordon & Co. in Liverpool vom Stapel lief. Das Schiff fuhr Skyrahen an allen drei Masten. Bei W. Denny & Brothers in Dumbarton wurde 1850 für W., J. und F. Bell in Glasgow die THREE BELLS von 649 ts gebaut. Das Schiff war 52,12 m lang, 8,84 m breit und hatte eine Raumtiefe von 5,09 m. 1852 baute John Scott in Greenock die mit 770 BRT vermessene LORD OF THE ISLES und im folgenden Jahre das Vollschiff MARTABAN von 743 BRT.

Zu den großen Kompositschiffen gehörten die 1864 bei Jones, Quiggin & Co. in Liverpool gebaute ANDROMEDA (1876 ts) und die 1866 von A. Hall & Sons gelieferte SOBRAON (2131 ts).

Unter den Kompositschiffen wurde besonders das englische Klippervollschiff CUTTY SARK (921 ts) bekannt. Es wurde 1869 bei Scott & Linton in Dumbarton für den Londoner Reeder John Willis gebaut. Mit diesem Neubau hatte der Reeder die Absicht verbunden, den schnellsten Klipper zu besitzen. Er achtete deshalb während des Baues darauf, daß nur das beste Material verwandt wurde. Die Länge des Schiffes betrug 64,17 m, die Breite 10,97 m und die Raumtiefe 5,83 m. Das ergab ein L/B-Verhältnis von 5,8:1. Der Klipper wurde eine schiffbauliche Meisterleistung. 1870 trat die CUTTY SARK ihre Jungfernreise unter Kapitän Moodie nach Shanghai mit Stückgütern an. Sie brauchte bis zum Zielhafen 110 Tage. Das war guter Durchschnitt. Dabei blieb es vorerst. Als um 1875 die Teefahrt mit Klippern immer mehr zurückging, setzten die Reeder das Schiff ab 1877 in der Trampfahrt für alle verfügbaren Ladungen ein. Der Klipper hatte die Erwartungen seines Reeders bis dahin nicht erfüllt. Es gab eine ganze Reihe schnellerer Schiffe, als die CUTTY SARK es bis dahin war. Der Unterhalt des Schiffes und die Heuern für die zahlreiche Besatzung wurden dem Reeder mit der Zeit zu teuer. Deshalb wurden im Herbst 1880 bei einer Werftliegezeit die Untermasten um 9 Fuß/ 6 Inch (2,89 m) gekürzt. Auch die Unterrahen wurden in der Länge um 7 Fuß (2,13 m) verringert. Die Skyrahen wurden abgenommen. Willis hatte mit dieser Sparmaßnahme unbewußt etwas Gutes getan, denn jetzt fing die CUTTY SARK erst so recht zu laufen an. Ab 1883 kam das Schiff in die australische Wollfahrt. Auf ihrer ersten Australienreise machte sie die Hinreise in 79 und die Rückreise in 82 Tagen. Beide Reisen gingen um das Kap der Guten Hoffnung. Das war Jahresbestleistung. 1885 übernahm mit Richard Woodget einer der besten englischen Kapitäne der damaligen Zeit das Kommando über das Schiff. Damit begann die Glanzzeit des Klippers. Woodget führte die CUTTY SARK zehn Jahre ohne Unfälle und Havarien. In dieser Zeit segelte sie ihre ewige Rivalin THERMOPHYLAE und andere Klipper aus und führte seitdem als schnellstes Schiff ihrer Gattung das *Goldene Kurzhemd* als begehrteste Trophäe im Topp. 1895 wurde die CUTTY SARK an die portugiesische Reederei Ferreira verkauft. Sie wurde dort in FERREIRA umbenannt. 1916 wurde das Schiff in einem schweren Sturm vollständig entmastet. Auf Grund fehlender Rundhölzer wie auch aus Kostengründen wurde der Klipper nun als Schonerbark getakelt. 1922 wechselten erneut Eigner und Name. Sie blieb aber unter portugiesischer Flagge und hieß nun MARIA DI AMPARO. Sie machte für den neuen Eigner nur eine Reise. Noch im gleichen Jahr wurde sie von dem englischen Kapitän Dowman angekauft. Sie kam in die Werft, wurde mit ihrer ursprünglichen Takelung versehen und erhielt auch ihren Taufnamen wieder. Als der Kapitän starb, kam das Schiff an das Thames Nautical Training College. Dort lief die CUTTY SARK noch bis 1938 als Schulschiff unter Segeln. Im Beisein des inzwischen sehr alten Kapitäns Woodget wurde sie bei Greenhithe für immer festgelegt. Um das Schiff der Nachwelt zu erhalten, wurde 1952 die CUTTY SARK Preservation Society gebildet, die den wohl würdigsten Vertreter der Klipperschiffe der Öffentlichkeit als technisches Denkmal und Museumsschiff zugänglich machte.

Der alten Schiffbauerregel *Länge läuft* folgend, wurde in der Mitte des 19. Jahrhunderts diesem Umstand immer mehr Rechnung getragen. Längen-/Breitenverhältnisse von 5 bis 6:1 waren nunmehr keine Seltenheit mehr. 1853 wurde bei C. Tayleur & Co. in Warrington für Reeder C. Moore das eiserne Vollschiff TAYLEUR von 1750 ts gebaut. Es war 68,58 m lang, 12,01 m breit und hatte eine Raumtiefe von 8,41 m. Der L/B-Wert betrug 5,7. Am 19. Januar 1854 trat es seine Jungfernreise an. Am 21. Januar ging das Schiff in der Dublin-Bay verloren. Bei dieser Katastrophe kamen fast 300 Menschen um ihr Leben. 1855 folgte von gleicher Werft das eiserne Vollschiff SARAH PALMER (1325 ts). Bei 68,73 m Länge und 11,16 m Breite betrug das Verhältnis 6,2:1. Im gleichen Jahr wurde im Auftrage von Hansyde & Co. bei Sandeman & McLaurin in Whiteinch bei Glasgow das eiserne Vollschiff TEMPEST gebaut. Es war 65,29 m lang, 8,75 m breit und 5,82 m tief im Raum. Das ergab einen L/B-Wert von 7,5. Das Schiff führte seine Jungfernreise 1855 von Liverpool nach Bombay durch. Es brauchte auf dieser Reise 105 Tage bis zum Zielhafen. Bereits ein Jahr später wurde die TEMPEST mit einer Dampfmaschine nachgerüstet und über den Atlantik in der Amerikafahrt eingesetzt. Noch im gleichen Jahr blieb das Schiff verschollen.

Während im englischen Schiffbau zu Beginn der sechziger Jahre die Eisenschiffe nichts Außergewöhnliches mehr waren, wurden in den USA, Kanada, aber auch an der Nord- und Ostseeküste noch vorwiegend Holzschiffe gebaut. Hier verging noch ein rundes Jahrzehnt, bis sich diese Bauweise allgemein durchsetzte. Eine Ausnahme bildete die Reiherstiegwerft in Altona. Mit dem für die HAPAG bestimmten Vollschiff DEUTSCHLAND (II) wurde bei Ernst Dreyer im Jahre 1858 das erste eiserne Vollschiff auf deutschem Territorium gebaut.

Bevor sich in den siebziger Jahren die Ära der Klipper ihrem Ende näherte, hatte der englische Seeschiffbau mit den als Blackwall-Fregatten bezeichneten Vollschiffen ein Äquivalent zu den extrem gebauten schnellen, aber in der Unterhaltung teuren Klippern gesetzt. Diese Schiffe wurden nach ihrer vorzugsweisen Bauwerft von Richard Green in Blackwall bei London benannt. Sie stellten, nach MacGregor, die Elite unter den Passagierschiffen in der Indien-, Australien- und Ostasienfahrt dar. Zu den frühen Blackwall-Fregatten Greens gehörte die SERINGAPATAM (818 ts), die 1837 vom Stapel lief. Das Schiff hatte eine zum Rumpf verhältnismäßig hohe Takelage. Es war nicht so scharf gebaut wie ein Klipper. Zu den großen Schiffen Greens gehörte auch die AGAMEMNON (1431 ts). Das Schiff war 76,90 m lang, 11,03 m breit und hatte eine Raumtiefe von 7,07 m. Das L/B-Verhältnis betrug 7:1.

Alle Blackwall-Fregatten waren Portenschiffe. Mit dieser Bemalungsvariante der Außenhaut der Schiffe wurde zu früheren Zeiten optisch das Aussehen der Kriegsfregatten nachgeahmt. Einige dieser Schiffe gelangten später an deutsche Reeder. Dazu gehörte die 1860 bei Green gebaute RENOWN (1270 ts). Sie wurde 1882 durch Gildemeister & Ries nach Bremen angekauft. Die Reeder ließen dieses Fregattschiff jedoch aus Kostengründen bald zur Bark umtakeln. Nach drei Jahren unter deutscher Flagge wurde das Schiff 1885 wrack. Eine weitere Blackwall-Fregatte, die 1880 ebenfalls durch Gildemeister & Ries angekauft wurde, war die 1864 bei J. Laing in Sunderland gebaute DUNBAR CASTLE (925 ts). Auch hier erfolgte später das Umtakeln zur Bark. 1892 wurde die inszwischen in SINGAPORE umbenannte Bark nach Rostock verkauft. Unter Schiffer H. L. Voß lief sie bis 1899 für Korrespondentreeder W. Maack. 1900 erfolgte der Verkauf nach Elsfleth, wo das Schiff später abgewrackt wurde. Gildemeister & Ries hatten noch im letzten Jahrzehnt des 19. Jahrhunderts über 20 Segelschiffe in Fahrt. 16 davon waren Ankaufschiffe aus den USA und Großbritannien. Eines dieser angekauften Fahrzeuge war der in den USA gebaute Halbklipper AMPHITRITE. Das Schiff entstand 1875 auf einer Werft in Kennebunkport für die Reederei D. Reed & Co. Die Jungfernreise führte noch im gleichen Jahr rund Kap Hoorn nach San Francisco. 1876 wurde das Vollschiff durch Hendrich & Co. nach Rotterdam angekauft, von wo es 1881 an Gildemeister & Ries kam. 1882 wurde die AMPHITRITE bei Stülcken in Hamburg generalüberholt und einige Umbauten für die Petroleumfahrt vorgenommen. Bis 1884 machte das Schiff mehrere schnelle Reisen nach den USA mit jeweiliger Petroleumrückfracht. Danach kam es in die Ostasienfahrt. 1890 trat es seine letzte Reise an. In Cardiff wurden Kohlen für Hongkong geladen. Am 30. August 1890 wurde die AMPHITRITE letztmalig beim Passieren von Anjer gesichtet. Ab diesem Zeitpunkt blieb das Schiff verschollen.

Wenn hier vorwiegend von England, Kanada und den USA die Rede war, so hat das seinen besonderen Grund. Mit dem Ende der Napoleonischen Kriege gab es in Frankreich keine solchen Leistungen im Seeschiffbau mehr, wie das vorher der Fall gewesen war. England hatte endgültig die Führung übernommen. Dabei waren in Frankreich 1814 durchaus noch viele gute Kriegsfregatten vorhanden. So sollen in dem genannten Jahr noch 50 Fregatten und 103 andere Kriegsschiffe in der Kriegsmarine vorhanden gewesen sein. Auch im Bau von Handelsschiffen gab es noch beachtliche Leistungen. Und doch verlagerte sich der Schwerpunkt immer mehr. Noch einmal trat der französische Kriegsschiffbau Ende der fünfziger Jahre in den Vordergrund. Nach einem Entwurf von Dupuy de Lome wurde 1859 die Panzerfregatte GLOIRE gebaut, die einige Jahre wie eine schwimmende Festung über keinen gleichwertigen Gegner in anderen Flotten verfügte. Obwohl mit einer leistungsstarken Dampfmaschine versehen, hatte auch diese Panzerfregatte noch fast alle Takelmerkmale einer herkömmlichen Segelfregatte. Mit dem nun einsetzenden Wettrennen, größere, schnellere und stärker armierte Kriegsfregatten zu bauen, erfolgte im Kriegsschiffbau die endgültige Abkehr vom dreimastigen, rahgetakelten Schiff. Nur noch wenige Exemplare waren bei den Flotten zu finden. In der Folge dienten sie meist nur noch zu Ausbildungszwecken. Die Verwendung der Dampfmaschine als neue Antriebskraft war bald soweit fortgeschritten, daß eine zusätzliche Takelage überflüssig wurde.

Auch die preußische und später die Kaiserliche Marine hatten Dampffregatten mit Vollschifftakelung in Fahrt. So wurden noch 1877 auf der Stettiner Vulkan-Werft die Kreuzerfregatten STOSCH und STEIN gebaut (je 2856 ts). Diese Fregatten hatten eine Länge von 74,50 m, waren 13,70 m breit und 6,30 m tief. Sie wurden später beide als Schulschiffe genutzt. 1879 kamen zu den genannten Schiffen zwei gleichartige Kreuzerfregatten dazu. Sie wurden als MOLTKE und GNEISENAU in Dienst gestellt. Ihr Bauort war Danzig. Die GNEISENAU sank am 16. Dezember 1900 in einem schweren Sturm, nachdem sie gegen die Mole von Malaga getrieben war. 37 Seeleute verloren dabei ihr Leben. Die preußische Marine hatte vorher schon die Fregatten GEFION (siehe Bundesflotte), THETIS und NIOBE als Schulschiffe in Fahrt.

THETIS (1082 BRT) war von 1844 bis 1846 als Segelfregatte aus Eichenholz bei James Graham in Devonport gebaut worden. Das Schiff hatte eine Vermessungslänge von 60,24 m, die Breite betrug 14,10 m. Unter Segeln soll das Schiff 15 Knoten erreicht haben. Die Segelfläche betrug 2370 m². 1855 wurde die THETIS im Tausch gegen zwei andere Schiffe an Großbritannien übergeben.

Die Segelfregatte NIOBE (854 BRT) wurde 1848/49 bei der Royal Dockyard in Portsmouth gebaut. Sie hatte eine Länge von 43,20 m und war 12,80 m breit. Die Segelfläche betrug 1650 m². Das Schiff war mit 16 Geschützen armiert. Ab 1861 erfolgte der Einsatz als Schulschiff für Seekadetten. 1890 zum Hulk abgetakelt, wurde die Fregatte 1891 in der Kaiserlichen Werft in Kiel abgebrochen. Die THETIS und die NIOBE waren mit Kupferbeschlag versehen.

Fig. 24 Fregatte NIOBE, gebaut bei Royal Dockyard, Portsmouth

In der preußischen Marine lief von 1850 bis 1861 die Glattdeckkorvette MERCUR (650 BRT). Das Schiff war 1847 bei Klawitter in Danzig als Ostindienfahrer für die Preußische Seehandlungsgesellschaft gebaut worden. Das Vollschiff wurde im März 1850 von der Marine übernommen, umgebaut und mit 6 Stück 26-Pfund-Bombenkanonen bestückt. Es war ca. 43 m lang, 8 m breit und hatte rund 800 m² Segelfläche. Unter Segeln wurden 9 Knoten erreicht. Nach elf Jahren als Kriegsschiff wurde die MERCUR in ihrer Bauwerft in Danzig abgewrackt. In diesem Zusammenhang soll noch eine weitere preußische Korvette genannt sein. Die AMAZONE lief am 24. Juni 1843 in der Werft Carmesin in Grabow bei Stettin vom Stapel. Sie war ca. 34 m lang, 9 m breit und trug an den drei Masten 876 m² Segelfläche. Das Verhältnis von Länge zu Breite betrug nur 3,8:1.

Beim Bau von Vollschiffen gab es im letzten Viertel des 19. Jahrhunderts noch einmal einige Veränderungen. Neben den traditionellen Dreimastern liefen von 1875 bis 1901 rund 120 viermastige Vollschiffe von den Hellingen. Baumaterial waren vorwiegend Eisen und Stahl. Neben der bereits 1801 in Bordeaux gebauten L'INVENTION sind nur noch vier weitere hölzerne Viermastvollschiffe eindeutig nachweisbar. Sie wurden zwischen 1874 und 1890 in den USA und Kanada gebaut. Das waren in der Reihenfolge: 1874 OZEAN KING (ca. 2500 BRT), gebaut bei N. L. Thompson in Kennebunk (Me.), 1885 FREDERICK BILLINGS (2630 BRT), gebaut bei Charleton, Norwood & Co. in Rockport (Me.), 1885 JOHN M. BLAIKIE (1829 BRT), gebaut bei J.H. Geddes in Londonderry (N.S.) und 1890 KINGS COUNTY (2300 BRT), gebaut bei E. Cox in Kingsport (N.S.).

Bis auf wenige Ausnahmen wurden alle anderen Viermastvollschiffe in Großbritannien gebaut. Hervorzuheben ist hier die Werft von Barclay, Curle & Co. in Glasgow, bei der von 1875 bis 1889 achtzehn eiserne und drei stählerne Schiffe dieses Typs vom Stapel liefen, darunter die zwölf Fahrzeuge der COUNTY-Serie. Dazu kamen dreizehn Viermastbarken von der gleichen Werft.

Wieviele Masten und welche Takelung ein Schiff haben sollte, um entsprechend seiner Rumpfgröße effektiv segeln zu können, hängt von verschiedenen Faktoren ab. Es gab natürlich allgemeine Richtlinien, die aus erprobten Werten erstellt wurden. Auf jeden Fall wirkten sich sehr große Dimensionen der Takelage für die Leute an Bord immer ungünstiger aus als evtl. ein Mast mehr mit entsprechend verteilten kleineren Segelflächen. Als Beispiel eines besonders großen dreimastigen Vollschiffes sei hier die amerikanische RAPPAHANNOCK genannt. Mit ihren 3054 BRT war sie der größte Dreimaster der Welt. Sie wurde 1889 bei A. Sewall in Bath (Me.) aus Holz gebaut. Von dieser Werft stammten auch die drei großen hölzernen Viermastbarken SHENANDOAH (1890, 3407 BRT), SUSQUEHANNA (1891, 2745 BRT) und ROANOKE (1892, 3539 BRT). Letztere war nach dem Klipper GREAT REPUBLIK das zweitgrößte in den USA gebaute Holzschiff. Schiffbaudirektor Middendorf stellte um die Jahrhundertwende eine Tabelle zusammen, aus der die effektivste Form des Riggs zur Vermessungsgröße des Schiffes entnommen werden kann. Allerdings muß man hierzu sagen, daß die bei ca. 3000 BRT beginnende Vermessungsgröße für die Takelart Viermastvollschiff von den bis dahin gebauten Einheiten in vielen Fällen nicht erreicht wurde. Im Gegenteil. Der überwiegende Teil der vollgetakelten Viermaster lag weit darunter. Es ist deshalb zu vermuten, daß Middendorf nur die großen Viermastvollschiffe als rentabel ansah und gleichlaufend Perspektiven für den Segelschiffbau des 20. Jahrhunderts aufzeigen wollte (siehe Schema S. 70).

1875 begann bei Barclay, Curle & Co. in Glasgow der Bau der größten Serie von Viermastvollschiffen für die Glasgower Reederei R. & J. Craig. Als erstes Schiff ging im Juli 1875 die COUNTY OF PEEBLES zu Wasser. Sie war 81,22 m lang, 11,75 m breit und 7,11 m tief im Raum (1691 BRT/1614 NRT). Der L/B-Wert betrug 6,9. Gleichzeitig war die COUNTY OF PEEBLES das erste eiserne Viermastvollschiff der Welt. Dreiundzwanzig Jahre in Fahrt, wurde das Schiff 1898 zum Hulk abgetakelt und in Talcahuano an den Dalben gelegt. Noch 1980 soll der stark vom Rost zerfressene Rumpf des Schiffes nahe Kap Hoorn, bei Punta Arenas, zu sehen gewesen sein.

Vierzehn Monate später, im September 1876, folgte mit der COUNTY OF CAITHNESS das zweite Schiff. 1903 verkauft und in SOFIE umbenannt, beendete dieses Fahrzeug später sein Dasein als Hulk in Australien. Nummer drei war die COUNTY OF INVERNESS. Sie ging im Januar 1877 zu Wasser. Bis 1899 für Craig in Fahrt, wurde sie an eine andere Glasgower Reederei verkauft. 1911 lag sie als Hulk DORA am Rio de la Plata. Da Frachtraum im Verlaufe des ersten Weltkrieges wieder knapp geworden war, erwog man einen neuen Einsatz. 1916 an eine Bordeauxer Reederei verkauft, wurde der Hulk zur Viermastbark aufgeriggt. Der neue Name war CARMEN. 1918 wechselte erneut der Reeder. 1925 fand sich die Viermastbark mit neuem Eigner und Namen in Estland wieder. Es erfolgte der Umbau zum Dampfer. Der Name wurde sinnigerweise in NEMRAC umgekehrt. 1940 erfolgte der Verkauf nach Italien. Nochmals umbenannt, beendete der ehemalige Vollrigger als AMICIZIA seine aktive Fahrtzeit im zweiten Weltkrieg nach einem Bombentreffer im Hamburger Hafen. Die Reste wurden später verschrottet.

Die nachfolgenden drei Schiffe liefen in schneller Folge vom Stapel. Im Januar 1878 war es die COUNTY OF KINROSS. Im Februar folgte die COUNTY OF CROMARTY, und im März wurde die COUNTY OF DUMFRIES ihrem Element übergeben. Alle sechs bis dahin gebauten Schiffe hatten im wesentlichen die gleichen Abmaße. Erst das siebente Viermastvollschiff, das im September 1878 fertiggestellt wurde, war größer. Die COUNTY OF SELKIRK war mit 1943 BRT vermessen, bei einer Länge von 85,65 m und 12,29 m Breite. Das Schiff blieb 1896 verschollen. Es war am 31. Dezember 1895 in Kalkutta ausgelaufen.

Ähnlich gestaltete sich das Schicksal der zwei folgenden Schiffe. Sie waren beide in der Größenordnung der COUNTY OF SELKIRK. Sie sollten eigentlich den Abschluß der Serie bilden. Ende des Jahres 1878 wurde die COUNTY OF HADDINGTON übergeben. Sie blieb 1901 auf einer Reise von New York nach Shanghai verschollen. Die im März 1879 fertiggestellte COUNTY OF ABERDEEN blieb bereits 1884 auf einer Reise von Cardiff nach Bombay verschollen. Zur Ergänzung des Bestandes hatten R. & J. Craig bei Barclay, Curle & Co. noch einmal drei Viermastvollschiffe bestellt, die dann von Juni 1885 bis Mai 1887 zur Übergabe gelangten.

Diese drei Schiffe waren wiederum größer als ihre Vorgänger. Die als zehntes Schiff im Juni 1885 in Dienst gestellte COUNTY OF EDINBURGH war 87,01 m lang, 12,92 m breit und zu 2160 BRT vermessen. 1904 kam sie als FRIEDA an A. Witte in Bremen. Zur Viermastbark umgetakelt, wurde sie 1914 nach Mariehamn verkauft. Während des Krieges wurde das Schiff an der irischen Küste wrack.

Auch die im Juni 1886 folgende COUNTY OF ROXBURGH endete ihr Dasein in See. Auf einer Reise von Caldera nach Melbourne befindlich, strandete das Viermastvollschiff im Februar 1906 bei schwerem

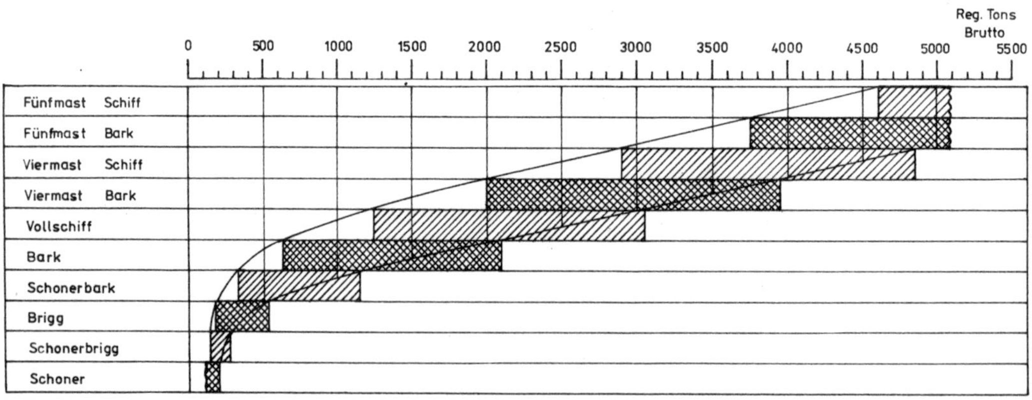

Fig. 25 Art der Takelung bei verschiedenen Größen von Segelschiffen (nach Middendorf)

Sturm an einem der Atolle des Tuamotu-Archipels. Dabei verloren 10 Mitglieder der Besatzung ihr Leben.

Als letztes Schiff wurde im Mai 1887 die COUNTY OF LINLITHGOW übernommen. 1907 befand sich das Schiff bei einer Reederei in Valparaiso. Wiederum verkauft, wurde das Schiff 1916 zum Sechsmastmotorschoner KATHERINE für die Pacific Freigthers Corp. in San Francisco umgebaut. 1922 gehörte die KATHERINE einer Ölkompagnie in Manila. Sie wurde dort als »Doppelschraubenschoner mit vier Masten« geführt. Ab 1931 war das Schiff in Piräus beheimatet. Nach einem Brand wurde es endgütlig zum Motortanker umgebaut und erhielt den Namen FRIEDA. Nach 1940 kann kein Nachweis mehr erbracht werden.

Eine weitere Serie von neun Viermastvollschiffen wurde ebenfals am Clyde gebaut. Es war das Schiffbauunternehmen Russell & Co., das auf den Werften Greenock und Port Glasgow von 1878 bis 1903 insgesamt 88 Viermastrahsegler und die Fünfmastbark MARIA RICKMERS fertigte. Unter den 88 Seglern befanden sich 23 Viermastvollschiffe. Im Weltmaßstab wurden ca. 450 vier- und fünfmastige Rahsegler gebaut. Das Glasgower Schiffbauunternehmen Russell & Co. hat mit seinen 89 Schiffen zweifelsohne mit Abstand den höchsten Anteil daran. Dabei wäre anzumerken, daß auf den Werften in und um Glasgow allein über 200 Viermastrahsegler gebaut wurden.

Erstes Schiff der FALLS-Line von Wright & Breakenridge (später Wright, Graham & Co.) in Glasgow war im Dezember 1878 die FALLS OF CLYDE. Vermessen zu 1807 BRT, war das Schiff 81,09m lang, 12,19m breit und 7,13m tief. Gerade dieses Schiff hat eine wechselvolle Geschichte. 1900 erfolgte das Umtakeln zur Viermastbark und der Verkauf an W. Matson in Honolulu. 1906 kam das Schiff an die Associated Oil Co. in San Francisco. Im Jahr darauf übernahm es die General Petroleum Co. San Francisco und ließ es zum Tanker umbauen. 1927 erfolgte das Abtakeln zum Leichter und der Weiterverkauf an E. W. Mitchel in Ketchikan (Alaska). Von dort wurde im Jahre 1963 der nunmehr 85 Jahre alte Schiffskörper im Schlepp nach Honolulu gebracht. Das Bernice P. Bishop Museum hatte die FALLS OF CLYDE erworben und baute sie zum Museumsschiff aus.

Der Bau der weiteren acht Schiffe zog sich bis zum Jahre 1894 hin. Das brachte es mit sich, daß die Abmaße der Schiffe relativ unterschiedlich waren sowie Änderungen im Rigg auftraten. So haben einige der FALLS-Schiffe einfache Bramsegel, andere doppelte. Unterschiedlich fiel auch der Besatz mit Royal- und Skysegeln aus. Die FALLS OF CLYDE und die im März 1879 übergebene FALLS OF BRUAR hatten nur ein Deck. Das dritte bis achte Schiff hatte jeweils zwei Decks. Die als letztes Fahrzeug im März 1894 gelieferte FALLS OF ETTRICK war bereits aus Stahl. Sie hatte wiederum nur ein Deck. Mit 2264 BRT vermessen, war der Viermaster 84,80m lang, 12,80m breit und hatte eine Tiefe von 7,41m. 1899 von der Reederei Bliss & Co. in London übernommen, kam das Schiff bereits 1900 an die Anglo American Oil Co. Ltd., die ihren Sitz ebenfalls in London hatte. Die FALLS OF ETTRICK strandete 1903 in der Sunda-Straße und ging total verloren. Außer der FALLS OF CLYDE, die noch heute als Museumsschiff vorhanden ist, ging keiner der anderen FALLS-Segler auf normalem Wege aus der Flotte. FALLS OF BRUAR (No. 2) ging im September 1887 verloren. FALLS OF AFTON (No. 3) und FALLS OF DEE (No. 4) wurden durch deutsche Unterseeboote versenkt. FALLS OF DEE war 1911 das letzte unter englischer Flagge registrierte Viermastvollschiff. Als es 1917 unter dem

Namen TEIE versenkt wurde, war es mit einer wertvollen Ladung Walöl beladen. FALLS OF FOYERS (No. 5) blieb vermutlich verschollen. Es war bereits 1897 nicht mehr in Lloyd's Register zu finden. FALLS OF EARN soll das schnellste der neun Schiffe gewesen sein. Es hatte aber auch die kürzeste Einsatzzeit von allen. Im Mai 1884 in Dienst gestellt, ging die FALLS OF EARN (No. 6) nach sieben Jahren, im Juli 1891, auf Acheen Head (Sumatra) verloren. Im Gegensatz zu vielen anderen Viermastvollschiffen wurden von den FALLS-Linern nur zwei zu Viermastbarken umgetakelt. Bei der FALLS OF HALLADALE (No. 8) geschah das nach vier Jahren. Die FALLS OF CLYDE (No. 1) lief bis 1900 mit vollem Rigg.

Im Dezember 1887 ging bei Harland & Wolff in Belfast mit der SINDIA das erste Viermastvollschiff zu Wasser, das die 3000 BRT-Grenze überschritt. Es war für T. & J. Brocklebank in Liverpool bestimmt. Der Glattdecker war 100,34 m lang, 13,76 m breit und 8,09 m tief. Der L/B-Wert betrug 7,3. Das Schiff trug doppelte Mars- und Bramsegel sowie Royals. 1896 wurde die SINDIA zur Viermastbark umgetakelt. 1900 kam sie durch Verkauf an die Anglo American Oil Co. Ltd. in London. Im darauffolgenden Jahr geriet das Schiff auf der Reise von Kobe nach New York in einen schweren Schneesturm und strandete am 15. Dezember 1901 bei Ocean City (New Jersey). Nur vier Monate nach der Indienstellung der SINDIA war im April 1888 mit der HOLKAR das Schwesterschiff vom Stapel gelaufen. Auch hier erfolgte 1900 das Umtakeln zur Viermastbark. Danach wechselte das Schiff mehrfach Eigner und Namen. So lief es als ADELAIDE bei D. H. Wätjen & Co., als ODESSA bei der Rhederei AG von 1896, wiederum als ADELAIDE in Großbritannien, als SOUVERAIN in Stavanger und in Tvedestrand sowie als HIPPALOS in Lillesand. Es wurde nach 37 Jahren Seedienst im Jahre 1925 in den Niederlanden abgewrackt.

1888 wurde bei W. Hamilton in Port Glasgow der 3187 BRT-Juteklipper PALGRAVE gebaut und für eigene Rechnung in Fahrt gebracht. Dieses Dreiinselschiff hatte ein ausgesprochen langes Brückendeck. Ein Jahr nach Indienststellung wurde das Schiff im Sturm entmastet. Es wurde danach als Viermastbark aufgeriggt. Die PALGRAVE ging im August 1908 durch Strandung verloren.

Das größte Viermastvollschiff der Welt kam 1889 von der Werft Russell & Co. in Port Glasgow. Die LIVERPOOL (II) war zu 3400 BRT vermessen und für die Reederei R. W. Leyland & Co. in Liverpool bestimmt. Das Dreiinselschiff hatte mittschiffs ein 52 Fuß langes Brückendeck. Alle Masten waren gleich getakelt und trugen doppelte Mars- und einfache Bramsegel sowie Royals. Das Schiff ging am 25. Februar 1902 bei starkem Nebel an der Kanalinsel Alderney durch Strandung verloren.

Mit der ALICE A. LEIGH lief 1889 bei der Whitehaven Shipbuilding Co. in Whitehaven ein weiteres, zu 3003 BRT vermessenes Viermastvollschiff vom Stapel. Es war für die Liverpooler Reederei J. Joyce & Co. gebaut worden. 1901 wurde das Schiff zur Viermastbark herabgetakelt. 1918 erfolgte der Verkauf an eine andere Liverpooler Reederei. Bereits 1920 wurde es an G. H. Scales nach Wellington (Neuseeland) weiterverkauft. Hier erhielt das Schiff den Namen REWA. Zwischenzeitlich aufgelegt, wurde die Viermastbark ohne Takelage am 27. Juni 1930 mit Steinen beladen als Wellenbrecher bei der Insel Moturekareka versenkt.

1890 und 1892 wurden bei Harland & Wolff zwei weitere 3000-BRT-Viermastvollschiffe gebaut. Die CALIFORNIA (3099 BRT) kam 1897 als Viermastbark ALSTER nach Hamburg. Sie ging im Jahre 1927, be-

Fig. 26 PALGRAVE, gebaut 1888 bei Will. Hamilton & Co, Glasgow

reits unter italienischer Flagge, als CHRISTEL VINNEN durch Strandung verloren. Das zweite Schiff, die LORD TEMPLEMORE (3045 BRT), kam 1898 als ALSTERNIXE nach Hamburg. Nunmehr zur Viermastbark umgetakelt, war das Schiff acht Jahre für die AG Alster in Fahrt. Im November 1906 verließ die Bark den Hafen Callao in Ballast mit Reiseziel Melbourne. Da sie dort nie ankam, wurde sie 1907 für verschollen erklärt.

Die beiden letzten über 3000 BRT vermessenen Viermastvollschiffe kamen aus den USA. Erbauer waren A. Sewall & Co. in Bath (Maine). Diese Werft hatte vorher schon sehr große hölzerne Viermaster gebaut. Im Dezember 1900 lief das Viermastvollschiff ASTRAL (3292 BRT) für die New Yorker Standart Oil Co. vom Stapel. Es war 101,26 m lang, 13,85 m breit und 7,95 m tief. Der Glattdecker war im *Jubilee-Rigg* getakelt. Er trug an allen Masten doppelte Mars- und Bramrahen, dafür aber keine Royals. Später wurde auch dieses Schiff zur Viermastbark umgetakelt. 1910 wechselten Reederei und Name. Als STAR OF ZEALAND lief sie nun bei Alaska Packers Association in San Francisco. 1928 wurde die Bark, die in den letzten Jahren vorwiegend Lachs transportierte, bei Alameda aufgelegt. Sieben Jahre später wurde der Segler noch einmal beladen. Mit einer vollen Schrottladung ging die STAR OF ZEALAND 1935 über den Pazifik, um nach Löschen der Ladung in einer japanischen Werft abgewrackt zu werden.

Sewalls letzter viermastiger Vollrigger wurde 1901 gebaut. Der Rumpf der WILLIAM P. FRYE (3374 BRT) hatte annähernd die gleichen Abmessungen wie der der ASTRAL. Das Schiff hatte jedoch einige Veränderungen in der Takelage aufzuweisen. So waren die Untermasten und Marsstengen in einem Stück gebaut. Zu den doppelten Mars- und Bramsegeln kamen wieder Royals. Das Schiff soll ein Meisterwerk amerikanischer Schiffbaukunst gewesen sein. Sewall reihte es als letzten großen Segler in seine eigene Flotte ein. Bis 1909 wurde es von Kapitän J. A. Sewall geführt. Dem Großsegler war das traurige Schicksal bestimmt, im ersten Weltkrieg das erste Kriegsopfer unter USA-Flagge zu werden. Es wurde am 28. Januar 1915 auf der Reise von Seattle nach Liverpool von dem deutschen Hilfskreuzer PRINZ EITEL FRIEDRICH versenkt.

Nicht unerwähnt bleiben sollen einige technische Veränderungen, die den Schiffsbetriebsdienst verbessern halfen. So wurde von den Seeämtern auf die Nutzung von genau gehenden Chronometern verwiesen. Sie waren für exakte Standortbestimmungen unerläßlich. Die deutsche Handelsflotte hatte 1873 an 220 Reedereiplätzen insgesamt 4311 Segelschiffe registriert, dazu kamen 220 Dampfschiffe. Von diesen Seeschiffen hatte Bremen mit 1107 von 1230 registrierten Schiffen (90%) die meisten chronometerführenden Fahrzeuge. Es folgte Hamburg mit 349 von 407 Schiffen (85,7%). In der mecklenburgischen Schifffahrt waren 220 von 416 registrierten Seeschiffen (52,8%) mit Chronometern ausgestattet.

Zu den weiteren technischen Hilfsmitteln an Bord zählte ab Mitte der siebziger Jahre die Nutzung des Dampfantriebs für Decksmaschinen, wie Ladewinden, Lenzpumpen, Ankerwinden und Spills. So erhielt das 1872 bei Barclay, Curle & Co. gebaute Vollschiff MERMERUS (1750 BRT) auf dem Achterdeck Dampfkessel zum Betreiben der Dampfmaschinen für die Lade- und Ankerwinden sowie die in der Nähe des Großmasters befindlichen Lenzpumpen. Die Reederei A. & I. Carmichael in Greenock hatte insgesamt 13 eiserne Schiffe dieses Typs bei der Werft bauen lassen, die vorwiegend in der australischen Wollfahrt zum Einsatz kamen. Auch das Fünfmastvollschiff PREUSSEN hatte Dampfantrieb für die Ladewinden und war zusätzlich zur Handsteueranlage mit einer Dampfsteuermaschine ausgerüstet.

Die Gewinnung von qualifiziertem Nachwuchs auf Segelschiffen gestaltete sich schon frühzeitig als allgemeines Problem der Seeanliegerstaaten. Bei den Kriegsmarinen war das etwas einfacher, da dort genügend Schulschiffe vorhanden waren. Außerdem konnte ein Teil des Matrosen- und Unteroffiziersnachwuchses aus den Handelsflotten und der Fischerei rekrutiert werden. In der Handelsschiffahrt gab es da wesentlich weniger Möglichkeiten. Aus wirtschaftlichen Gründen hielten die Reeder die Besatzungen auf einem vertretbaren Minimum. So blieb es vorwiegend der Kapitalkraft des einzelnen überlassen, sich von der Pike an bis zum Offizier hochzuarbeiten. Es war nicht einfach, wenn man später einmal *achtern* stehen wollte. Erschwerend kam noch hinzu, daß in einigen Ländern vor der Annahme an Seefahrtsschulen eine Mindestfahrtzeit von einem bis mehreren Jahren auf Segelschiffen nachzuweisen war, bevor die Prüfung zum Seeschiffer oder Seesteuermann abgelegt werden konnte. In Deutschland waren das zeitweilig bis zu 50 Monate vor dem Mast, wobei davon mindestens 12 Monate als Vollmatrose gefahren werden mußten.

Ausbildung kostet Geld. Zu solchen Ausgaben waren die Reeder jedoch nur in den seltensten Fällen bereit. Mit der Zeit bedurfte dieses Problem immer dringender einer Lösung. So kam es, daß die Reedereien einzelne Schiffe teilweise oder ganz als Schulschiffe in der Frachtfahrt laufen ließen. Entsprechende Unkostenbeiträge durch den Bewerber wurden vorausgesetzt, womit wiederum die Grenzen für mehr oder minder Begüterte abgesteckt waren. Diese frachtfahrenden und später reinen Schulschiffe gab es natürlich nicht nur als Vollschiffe. Das traf auch auf Schoner, Briggs und Barken zu.

Zu den frühen Vollschiffen in der Schulfahrt gehörte die 1842 gebaute SARATOGA von 882 ts. Der hölzerne Segler diente von 1867 bis 1907 der Pennsylvania Nautical School als Schulschiff. Dann mußte das Schiff aus Altersgründen abgebrochen werden. Ähnlich das Schicksal der ehemaligen Korvette ST. MARYS (958 ts). Dieses 1844 gebaute Schiff fuhr von 1875 bis 1909 für die New Yorker Marineschule.

Zu den frühen frachtfahrenden Schulschiffen gehörte das große eiserne Vollschiff EUTERPE (1197 ts) der britischen Reederei Shaw, Savill & Co. Es war 1863 gebaut worden und lief von 1871 bis 1899 für diese Reederei. Nach dem Verkauf erhielt das Schiff den Namen STAR OF INDIA.

Bekannt wurde in diesem Zusammenhang die britische Reederei Devitt & Moore, die von 1890 bis 1921 insgesamt sieben Schiffe als frachtfahrende Schulschiffe unter ihrer Flagge in Fahrt hatte. Vier dieser Schiffe waren voll getakelt. Als erstes Vollschiff lief für Devitt & Moore von 1890 bis 1897 die HARBINGER. Sie wurde 1876 bei Robert Steele & Co. in Greenock als einer der letzten Klipper auf dieser Werft gebaut. Für die Schulfahrt waren dem Schiff aus Sicherheitsgründen die Vor- und Kreuzskysegelrahen abgenommen worden. Der Großmast trug weiterhin sieben Segel. 1897 wurde die HARBINGER nach Rußland verkauft.

Gemeinsam mit der HARBINGER wurde 1890 bei Devitt & Moore das Vollschiff HESPERUS in Fahrt gebracht. Es kam 1899 zum Verkauf an die Seefahrtsschule in Odessa und war dort bis 1918 als GROSSFÜRSTIN MARIA NIKOLAEVNA stationiert. Nach weiterem Verkauf erhielt es den Namen SILVANA.

Als Ersatz für die HARBINGER erwarb die Reederei 1897 das Vollschiff MELBOURNE von 1857 ts. Es war 1875 bei R. & H. Green in Blackwall für eigene Rechnung gebaut worden (Blackwall-Fregatte mit Portenband) und vorwiegend in der Passagierfahrt nach Australien eingesetzt. Die MELBOURNE war eine ausgezeichnete Kombination eines Fracht- und Passagierseglers. Bei Devitt & Moore lief das Schiff bis 1904 als MACQUARIE. Nach dem Verkauf erhielt es den Namen FORTUNA. Letzter Vollrigger und gleichzeitig Ersatz für die HESPERUS war 1899 bis 1907 das bereits 18 Jahre alte Schiff ILLAWARRA von 1887 ts.

Zur Vollständigkeit seien auch die anderen drei Schiffe genannt, die durch Devitt & Moore in der Frachtschulfahrt eingesetzt waren. 1904 wurde die Viermastbark PORT JACKSON erworben. Am 28. April 1917 versenkte ein deutsches Unterseeboot dieses Schiff.

Als weiteres Fracht – und Schulschiff ist die Viermastbark MEDWAY zu nennen, die später zum Öltanker umgebaut unter dem Namen MYR SHELL lief.

Letztes frachtfahrendes Schulschiff der Reederei war der Auxiliarschoner ST. GEORGE. Er lief nur zwei Jahre, von 1919 bis 1921, in dieser Funktion.

Auch die für ihre großen Passagierschiffe bekannte britische Reederei White Star Line beschäftigte zeitweilig ein Vollschiff in der Schulfahrt. 1908 wurde die 14 Jahre alte MERSEY (1814 ts) angekauft. Sie diente der Reederei bis 1915. Nach dem Verkauf erhielt das Schiff den Namen TRANSATLANTIC.

Ähnliche Bestrebungen gab es auch in anderen Ländern. So lief der 1869 bei Barclay, Curle & Co. gebaute britische Eisenklipper THOMAS STEPHENS von 1896 bis 1913 als PERO D'ALEMQUER für eine portugiesische Reederei. Die 1882 gebaute STRONSA lief von 1912 bis 1915 für den argentinischen Reeder D. Barthe. 1915 wurde das Schiff an A. O. Andersen & Co. nach Kopenhagen verkauft. Hier lief es unter dem neuen Namen VALKYRIEN noch bis 1923 weiter als frachtfahrendes Schulschiff. Aus Altersgründen mußte der Vollrigger danach abgebrochen werden. Über die von 1922 bis 1928 für die Brasilian Lloyd Line gelaufene ALMIRANTE SALDANHA wurde schon im Zusammenhang mit der Reederei Schramm geschrieben.

Im letzten Viertel des 19. Jahrhunderts gab es zwei nordeuropäische Stiftungen, die Vollschiffe bereederten, auf denen von vornherein nur die Ausbildung unter Segeln geplant war. 1879 entstand für die schwedische Rydberg-Stiftung das 149-ts-Vollschiff ABRAHAM RYDBERG (I). 1911 wurde der Name des Schiffes in ABRAHAM geändert. 1912 wurde für die Stiftung mit der ABRAHAM RYDBERG (II) (262 ts) ein stählerner Neubau in Dienst gestellt. Dieses Schiff wurde 1929 nach den USA verkauft. Unter dem neuen Namen SEVEN SEAS wurde das Schiff dort noch bis 1945 als Schulschiff der US-Küstengarde genutzt. 1929 wurde als Ersatz die stählerne Viermastbark STAR OF GREENLAND (2345 TS) ex HAWAIIAN ISLES gekauft. Die 1892 bei C. Connell & Co. in Glasgow gebaute Viermastbark war für die Stiftung bis 1943 als ABRAHAM RYDBERG (III) in Fahrt. Nach dem Verkauf erhielt dieses Schiff den Namen FOZ DO DOURO. 1946 wurde der Segler entmastet und danach nicht wieder aufgeriggt. Das Schiff erhielt einen Motor. Es wurde erst 1957 in La Spezia abgebrochen.

Ebenfalls zu Ausbildungszwecken wurde 1882 bei Burmeister & Wain in Kopenhagen für die Stiftung Georg Stages Minde das Vollschiff GEORG STAGE (I) (203 ts) gebaut. Nach 23 Dienstjahren sank das Vollschiff im Sommer 1905 nach einer Kollision innerhalb weniger Minuten im Sund. 22 Seeleute gingen mit in die Tiefe. Fast drei Jahrzehnte lag das Schiff auf Grund. 1934 wurde es gehoben und nach umfangreichen Reparaturen in seiner alten Form wieder in Dienst gestellt. Der Name wurde in JOSEPH CONRAD geändert. Neuer Eigner war der Schriftsteller und Kapitän Alan Villiers. Ab 1939 diente die JOSEPH CONRAD in den USA als Schulschiff unter Segeln. Von 1945 bis 1947 war sie noch als stationäres Schulschiff in Betrieb. Danach wurde sie als Museumsschiff eingerichtet. 1935 wurde bei der Frederikshavn Verft ein neues Vollschiff für die Stiftung gebaut. Die Baupläne der GEORG STAGE (I) fanden dabei eine gewisse Berücksichtigung. GEORG STAGE (II) getauft, ist das mit nur 865 m² Segelfläche ausgestattete Vollschiff noch heute für die Stiftung in Fahrt.

Auf deutschem Territorium regten sich um die Jahrhundertwende ähnliche Bestrebungen, Nachwuchs auf Segelschiffen auszubilden. So wurde im Jahre 1900 der Deutsche Schulschiff Verein gegründet. Im März 1901 lief bei J. C. Tecklenborg in Geestemünde mit der GROSSHERZOGIN ELISABETH das erste Schiff für den Verein vom Stapel. Es war als Vollschiff getakelt. Das Schiff wurde bis 1937 in seiner Funktion genutzt. Danach diente es in Hamburg als stationäres Schulschiff. Nach 1945 wurde das Schiff an Frankreich abgegeben. Es wurde dort in DUCHESSE ANNE umbenannt. Das Schiff liegt heute im Hafen von Brest.

Neben der nachfolgenden Bark GROSSHERZOG FRIEDRICH AUGUST erhielt der Verein 1909 mit der PRINZESS EITEL FRIEDRICH von der Hamburger Werft Blohm & Voß sein zweites Vollschiff. Dieser Segler ging bereits nach dem ersten Weltkrieg als Reparation an Frankreich. Bis 1921 lag das Schiff in St. Nazaire auf. Dann erfolgte die erneute Indienststellung als Schulschiff COLBERT für die Les Navires Ecoles Francais. 1929 erwarb die polnische Seefahrtschule das Schiff. Zuerst POMORZE genannt, wurde der Name später in DAR POMORZA erweitert. Während des zweiten Weltkrieges lag das Schiff im Hafen von Stockholm. 1945 kehrte es in die Heimat zurück und diente noch bis 1982 als Schulschiff unter Segeln. Heute ist die DAR-POMORZA als Museumsschiff zu besichtigen.

Zwischen den beiden Kriegen erhielt der Verein noch einmal einen als Vollschiff getakelten Neubau. Wiederum bei J. C. Tecklenborg in Geestemünde gebaut, wurde 1927 das SCHULSCHIFF DEUTSCHLAND in Dienst gestellt. Dieses Schiff wird noch heute im Hafen von Bremen stationär genutzt.

Auch der Norddeutsche Lloyd bereederte eine Reihe von Schulschiffen. Hier waren es aber vorwiegend Barken, die zum Einsatz kamen. Als einziges Vollschiff wurde 1928 von der Hamburger Reederei H. H. Schmidt die OLDENBURG übernommen. Reeder Schmidt hatte das Schiff 1923 als LAENNEC angekauft. Aus Kostengründen lief die OLDENBURG beim Lloyd als frachtfahrendes Schulschiff. In dieser Funktion machte es jedoch nur drei Reisen, dann wurde es wieder aufgelegt. Im Herbst 1930 wurde die OLDENBURG nach Finnland verkauft. Dort lief sie unter dem Namen SUOMEN JOUTSEN weiter als Schulschiff unter Segeln. Noch heute dient sie der Seefahrtschule Turku als stationäre Ausbildungsstätte.

1904 stellte die Association Maritime Belge mit der COMTE DE SMET DE NAEYER (I) einen stählernen Vollschiffneubau in Dienst. Dieses Schiff machte jedoch nur zwei Reisen für die Association. Auf der zweiten Ausbildungsreise ging es mit 33 von 59 Besatzungsmitgliedern verloren. Als Ersatz wurde daraufhin im Jahre 1906 das bereits 1877 gebaute eiserne englische Vollschiff LINLITHGOWSHIRE ex JEANNIE LANDELS erworben. Es wurde in COMTE DE SMET DE NAEYER (II) umbenannt. Der Vollrigger kam jedoch nicht mehr unter Segeln zum Einsatz. Er wurde nur stationär genutzt. 1934 wurde das Schiff durch die neu gebaute stählerne Schonerbark MERCATOR abgelöst.

Zu den noch vollgetakelten ehemaligen Schulschiffen gehört die 1888 gebaute eiserne AF CHAPMAN. Sie war einst als DUNBOYNE in Dienst gestellt worden. Von 1916 bis 1923 fuhr der Vollrigger für die schwedische Transatlantic Line als frachtfahrendes Schulschiff unter dem Namen G. D. KENNEDY. Die Namensänderung in AF CHAPMAN erfolgte 1923. Das Schiff führte 2207 m^2 Segelfläche, hatte 50 Mann Stammbesatzung und nahm in einer Ausbildungsperiode bis zu 200 Jungen an Bord. Das Schiff blieb bis 1937 in der aktiven Fahrt. Heute liegt es in Stockholm Skeppsholmen und wird als schwimmende Jugendherberge genutzt.

Ähnlich steht es um das schwedische Vollschiff NAJADEN, das mit seinen 350 ts und 740 m^2 Segelfläche zu den kleinen Schulschiffen gehörte. Nach 52 Jahren Fahrtzeit wurde es in Halmstad in der Nissan am Schloßkai festgemacht. Es dient seitdem als Museumsschiff.

Zwischen 1927 und 1937 liefen einige Vollschiffe vom Stapel, die zum Teil noch heute in Fahrt sind. Darunter befanden sich auch zwei norwegische Schiffe. 1927 wurde im Auftrag des Reeders A. O. T. Skelbred bei Höivolds mek. Verkstedt A/S Kristiansand das 568-BRT-Vollschiff SØRLANDET gebaut. Der zukünftige Eigner, die Sørlandets Seilende Skoleskibs in Kristiansand, wurde verpflichtet, das Fahrzeug nur als reines Segelschiff zu nutzen. Diese Auflage des Stifters wurde bis 1959/60 eingehalten. Erst in diesem Jahre wurde ein 240 PS leistender Dieselmotor eingebaut.

Heute verfügt das Schulschiff über modernste Ausrüstungen. Das zweite norwegische Schiff war die 1937 bei Framnaes mek. Verkstedt Sandefjord für die Østlandets Skoleskib Oslo gebaute CHRISTIAN RADICH. Dieses Vollschiff war ein Ersatzbau für die ehemalige Schulbrigg STATSRAAD ERICHSEN.

1928 wurde bei Castellamare di Stabia die CHRISTOFORO COLOMBO für die italienische Kriegsmarine gebaut. Bereits 1931 folgte von gleicher Werft die größere, mit 3500 BRT vermessene AMERIGO VESPUCCI. Unabhängig von moderner nautischer Ausrüstung und Bewaffnung, macht dieses Vollschiff optisch den Eindruck, als hätte man ein Schiff aus dem vorigen Jahrhundert vor sich. Das wird durch die zwei durchlaufenden weißen Bänder am Rumpf noch hervorgehoben. Unterstützt wird dieser Eindruck durch die Gestaltung des Galions sowie der in Nähe des Eselshauptes am Bugsprícts gefahrenen ausladenden Blinderah. Mit rund 500 Mann Besatzung hat die AMERIGO VESPUCCI die höchste Anzahl von Personen aller noch fahrenden großen Segelschulschiffe an Bord. Die AMERIGO VESPUCCI ist noch heute für die italienische Kriegsmarine im Einsatz. Die CHRISTOFORO COLOMBO wurde nach dem Kriege an die Sowjetunion übergeben. Das Schiff wurde dort in DUNAY umbenannt.

1933 wurde als Ersatz für die 1928 verschollene Fünfmastbark KØBENHAVN das dänische Vollschiff DANMARK in Nakskov gebaut. Große Schulschiffe gab es zu dieser Zeit in Dänemark nicht mehr. Die stählerne Viermastbark VIKING war 1929 an G. Erikson nach Mariehamn verkauft worden. Eines der typischen äußeren Kennzeichen der DANMARK sind die beiden großen Stockanker, die nur noch auf wenigen Schulschiffen in Gebrauch sind. Zwei Jahre nach der DANMARK folgte die bereits genannte GEORG STAGE (II).

Damit war der Neubau von Vollschiffen für Ausbildungszwecke vorläufig für einen längeren Zeitraum beendet. Der Krieg unterbrach diese Entwicklung auf der ganzen Linie. Dazu kam in der Folge, daß zum Teil schwere Schäden an vorhandener Tonnage entstanden. So wurde zum Beispiel das norwegische Vollschiff CHRISTIAN RADICH während der Besetzung des Landes durch deutsche Truppen als U-Boot-Depotschiff genutzt. Als der Krieg zu Ende war, standen viele Räume des Schiffes unter Wasser, und das gesamte Takelwerk war unbrauchbar geworden. Die Werftüberholung nahm ganze zwei Jahre in Anspruch.

Erst im Jahre 1956 wurde wieder ein Vollschiffneubau bekannt. Der Bau des Schiffes hatte sich über einen langen Zeitraum hingezogen und war immer wieder unterbrochen worden. Das Vollschiff LIBERTAD wurde bei ARS Rio Santiago für die Kriegsmarine Argentiniens als Schulschiff gebaut. Es sollte die bereits 1898 in Dienst gestellte Dampf-Segelfregatte PRESIDENTE SARMIENTO ablösen. Die LIBERTAD blieb im Schulschiffneubau lange Zeit eine Ausnahme. Es wurden zwar weiterhin im internationalen Rahmen Segler gebaut, aber mit Vollschifftakelung war keiner darunter.

So vergingen 26 Jahre, bis wiederum ein Neubau dieses Typs auf den Weltmeeren erschien. Die Indienststellung des neuen polnischen Vollschiffes DAR MLODZIEZY erfolgte am 30. Juni 1982. Es war als Ablösung für die 73 Jahre in Fahrt gewesene DAR POMORZA gebaut worden. Das Schiff trat seine Jungfernreise am 10. Juli 1982 an. Als erster ausländischer Hafen wurde am 12. Juli 1982 Rostock angelaufen. Von Rostock aus ging es zur ersten Bewährungsprobe in den Atlantik, um an der Operation Sail – 82 teilzunehmen. Diese Prüfung wurde in allen Punkten bestanden.

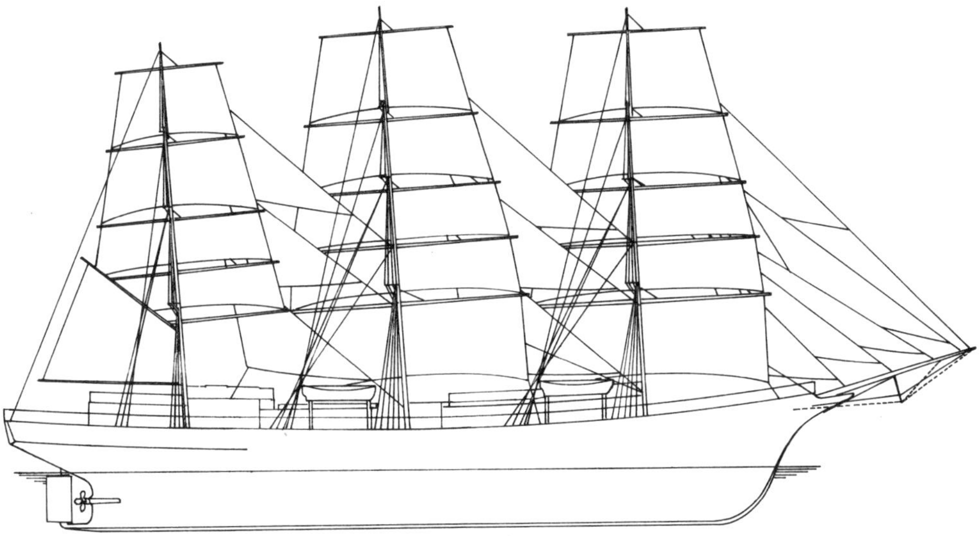

Fig. 27 Polnisches Segelschulschiff DAR MLODZIEZY, gebaut in Gdansk

Die DAR MLODZIEZY wird bald nicht mehr allein sein. Die Sowjetunion erteilte der Leninwerft in Gdansk den Auftrag, weitere Schiffe dieses Typs zu bauen. Davon soll eines später in Leningrad beheimatet sein. Das zweite Vollschiff soll die Bark TOWARISCHTSCH in Odessa ablösen.

Man kann diesen Abschnitt über Fregatten und Vollschiffe nicht abschließen, ohne noch an weitere vorhandene Schiffe zu erinnern. So werden einige dieser ehemals in Fahrt gewesenen Fahrzeuge als Zeugen der Geschichte bewahrt. Im allgemeinen werden sie als Museumsschiffe bezeichnet. Sie sind aber mehr als nur ein Museum, sie stellen ein lebendiges Stück Geschichte einer längst vergangenen Epoche dar. Dabei spielt es keine Rolle, ob es ein Walfänger wie die CHARLES W. MORGAN aus dem Jahre 1841 oder die erst kürzlich außer Dienst gestellte DAR POMORZA ist.

Das Fregattschiff Hedewig Eleonora

Als der spätere Erbauer des Fregattschiffes Hedewig Eleonora im März 1781 nach Wismar kam, gab es in der Stadt nur einen älteren Meister des Schiffbauhandwerkes. Das war Jacob Christian Nehls, der ebenfalls erst seit kurzer Zeit sein Gewerbe in der Stadt ausübte. Er war von Wolgast in die Seestadt gekommen. Der Neuling, Christian Jacobsen Smidt, war Schwede und kam aus Stockholm. Dort hatte er auch sein Handwerk erlernt und es zu Meisterehren gebracht. Als Ankunftsdatum in Wismar wurde der 8. März 1781 registriert. Mit der Aufnahme in die Schiffszimmerleutecompagnie gab es keine sonderlichen Schwierigkeiten, da Wismar damals zu Schweden gehörte. Um sein Gewerk als Meister ausüben zu können, mußte Smidt erst das Bürgerrecht erwerben, erst dann war alles nach Recht und Gesetz. C. J. Smidt schwor seinen Bürgereid bereits am 1. April 1781. Über den Meister ist nichts weiter bekannt geworden, auch nicht, wo er später verblieb. Sein Name ist nur mit dem Bau dieses einen Fregattschiffes verbunden.

Der Stapel für das neue Fregattschiff wurde auf der Lastadie im Herbst 1782 im Auftrage des Handelshauses Velthusen & Sohn gelegt. Das Handelshaus war mit seinem Hauptsitz in Stettin etabliert und hatte in Wismar eine größere Niederlassung. Diese wurde im Jahre 1806 durch Verkauf aller Immobilien in der Seestadt aufgelöst.

Meister Smidt baute den Rumpf des Schiffes im Zeitraum eines Jahres. Im September 1783 war das Deck geschlossen und das Fregattschiff zum Stapellauf bereit. Der Termin des Stapellaufes ist nicht nachgewiesen.

Bis zum März 1784 wurde das Auftakeln und Ausrüsten des Schiffes abgeschlossen. Entsprechend den damaligen Gepflogenheiten hatte ein städtischer Holzschnitzermeister die Galionsfigur und die Verzierungen des Heckspiegels geschaffen. Als endgültiger Übergabetermin des Schiffes an seine Eigner zählt das Datum der Vorlage des Bielbriefes am 18. März 1784 vor dem Wismarschen Rat. Da es keine gesonderten Behörden zur Registratur von Schiffen gab, mußten der Schiffbaumeister, der Schiffer und die Eigner vor dem Rat erscheinen. Dort wurden alle Fragen des Baues, der Bezahlung sowie alle sonstigen mit dem Bau des Schiffes zusammenhängenden Probleme geklärt. Erst nachdem der Ratssekretär mit dem Siegel des Rates die notwendigen Schriftstücke versehen hatte, galt der Kontrakt als erfüllt und weitere Forderungen der einen an die andere Seite wurden hinfällig.

Der Bielbrief hatte folgenden Wortlaut:

Ich unterschriebener Bürger und Schiffbaumeister in Wismar bekienne hiermit, daß ich alhier von den Herrn Velthusen & Sohn in diesem Jahre 1784 Eine Fregat-Schiff genant Hedevig Eleonora alhier Gebauet auf Craveler art von Guten Eichen Holtz

Lanck über Stäving zu Spundingens Budenhaut — *99 fuß 7 zoll*

Lanck in die Bäberste Wasser Linie von Spundingens Budenhaut zu die Budenhaut	*97 fuß 10 1/2 zoll*
Lanck im Kiehl	*92 fuß 10 1/2 zoll*
Breitt innwendig zwischen beyden Balkweger	*25 fuß 3/4 zoll*
Hohl Schnurrecht unter dem niedrigen Balcken	
Tieff in die Duhm (?) von Balckeninbröde	*10 fuß 7 1/2 zoll*
Flachliegend	*17 fuß*
Gehet Beladen tieff vorn	*13 1/2 fuß*
Gehet Beladen tieff hinten	*14 1/2 fuß*

Alles nach Schwedischen Füßen kan also führen 134 4/7 schwere Lasten, so Wahr mier Gott helffen solle.
Wismar, den 18^{n} May, A. 1784
Christian Jacobsen Smidt

(Anmerkung: Stäving – Steven, Spundingens – Sponung, Budenhaut – Außenhaut, bäberste – oberste [Wasserlinie])

Acht Tage früher, am 10. Mai 1784, wurde der Meßbrief durch die amtliche beeideten Schiffsmesser J. G. Husfeldt und J. C. Nehls vorgelegt. In diesem Dokument waren ausführlich alle Verrechnungseinheiten und Maßangaben enthalten. Die im Meßbrief gemachten Angaben galten für alle Behörden als verbindlich, auch wenn es eventuelle Abweichungen zum Bielbrief des Schiffbaumeisters gab.

Der Meßbrief hatte folgenden Wortlaut:

Zur unterthänigsten Befolgung Sr. Königlichen Majestät allerhöchsten Reglements vom 11 ten Mertz 1772 haben unterzeichnete Schiffsmesser allhier den Capitain Hinrich Matthias Böse von Wismar von Eichen Holtz auf Craveel erbaute Fregatte Hedewig Eleonora *genannt hieselbst abgemessen und folgendermaßen befunden.*

Die Fregatte ist lanck von der Spuning zur Spuning in der obersten Lastlinie	*96 Fuß*
Breit mitten von der äußersten zur äußersten Kante	*27 1/2 Fuß*
gehet ledig tief vorn	*6 Fuß*
gehet ledig tief hinten	*10 Fuß*
gehet beladen tief vorn	*13 1/2 Fuß*
gehet beladen tief hinten	*14 1/2 Fuß*
die Niedersenkungshöhe	*6 Fuß*
alles nach schwedischen Füßen gerechnet	

Danach erfolgte die detaillierte Aufrechnung des Schiffes. Die Hedewig Eleonora wurde als Schiff 4. Klasse eingestuft und mit einer Tragfähigkeit von 141 3/7 Lasten angegeben.

Wovon jedoch noch abgesetzet so auf dem Schiff noch stehet an Victualien, Geräthschaft und Holtz	*72*
5 Stück Anckers	*17*
1 Ancker-Tau	*13*
4 Stück 3-pfündige Canonen	*12*
Divisor 18	*114*
Facit	*6 1/3 schwere Last*

Damit verblieb nach Abzug der genannten Ausrüstung eine errechnete Tragfähigkeit von 135 1/10 schweren Lasten. Erstmalig wurden in den Vermessungsunterlagen die 4 Kanonen erwähnt. Ihr relativ kleines Kaliber läßt jedoch die Schlußfolgerung zu, daß eine wirksame Verteidigung gegen einen stärker armierten Gegner kaum möglich war. Auch dürfte die Kernschußweite und Wirkung der Dreipfünder nur gering gewesen sein. Allerdings blieb auf Grund der vorhandenen Geschützpforten die Möglichkeit offen, alle Kanonen auf einer Seite zugleich zum Einsatz zu bringen, womit eine stärkere Armierung vorgetäuscht werden konnte. Die Verlagerung aller 4 Kanonen nach einer Schiffsseite dürfte auf Grund des geringen Gewichtes zu keinerlei Stabilitätsproblemen geführt haben.

Als erster Kapitän der HEDEWIG ELEONORA wurde Hinrich Matthias Böse berufen. Er wurde im Wismarschen Bürgerregister als »Schiffer und eines hiesigen Bürgers Sohn« angegeben. Seinen Bürgereid schwor er bereits am 27. Januar 1768. Er führte die Fregatte bis 1787. Sieben Jahre später fuhr H. M. Böse noch einmal als Kapitän auf einem in Wismar für Velthusen & Sohn neu erbauten Schiff. Es handelte sich um die 1794 von Christopher Christophersen gebaute Brigantine MARIA CHRISTINA von 94 Last. H. M. Böse wurde durch den von Stralsund stammenden Kapitän Johann Friedrich Ibenn auf der HEDEWIG ELEONORA abgelöst. Mit der Übernahme des Schiffes durch einen Stralsunder Schiffer gab es für das Handelshaus keine Schwierigkeiten, da Stralsund zu dieser Zeit ebenfalls unter schwedischer Oberhoheit stand.

Neben den bereits genannten Unterlagen, die als Bielbrief und Meßbrief bezeichnet wurden, war ein weiteres Dokument für die Ausreise des Schiffes erforderlich. Es handelte sich um den sogenannten Freibrief. Er mußte für jede Fahrt für Schiff und Besatzung neu ausgeschrieben werden. Diese Freibriefe waren teilweise auch als *Rheder Eid* überschrieben. In ihnen wurde der Besitz und die Rechtlichkeit des Schiffes und der Ladung sowie der Besatzung nachgewiesen. Der älteste auffindbare Freibrief für die HEDEWIG ELEONORA stammt vom 10. April 1787. Er war für eine Fahrt in die Mittelländische See ausgestellt worden.

Ich George Christian Velthusen schwehre einen Eid zu Gott und auf das heilige Evangelium, daß das allhier zu Wismar im Jahre 1784 neu erbaute Fregatte-Schiff HEDEWIG ELEONORA *genannt, so gebauet von eichen Holtze auf Cravehl von 135 1/10 schwere Lasten groß, vier Kanonen und die sonst erforderliche Besatzung führend, destinirt von Hamburg nach der Mittelländischen See, für welches, anjetzo, um Ihro Königlichen Majestät und des Comerce-Collegii See-Pass, zu Befragung wider die algirische, Tunische und Tripolitanische wie auch Maroccanische Schiffe angehalten werden soll, wir als Ihro Königlichen Majestät und der Krone Schweden geschwohrnen Unterthan, und zwar mir und dem hiesigen Comptoir Velthusen & Sohn, ganz allein zugehörig sey, und das kein Fremder weder directe noch indirecte einigen Antheil daran habe, sondern auch insonderheit, daß ich bemeldeten See-Pass an andere fremde oder einheimische Schiffer, unter was Schein es auch seyn möge, nicht ausleihen, verkaufen, verfeuren, wegpfänden oder überlassen, und daneben alles, was in Ihro Königlichen Majestät Reglement vom 12. Januar des 1730sten Jahres wegen vorbemeldeter Pässe verordnet ist, in allen Stücken vollenkomlich in Acht nehmen und nach leben wolle, und das alles dieses von mir, ohnfehlbar soll gehalten werden, verbinde ich mich meine Person und Eigenthum, und unterwerfe mich, der promptesten Execution: So wahr mir Gott helfen solle an Leib und Seele.*

Es folgten das Datum und die Unterschrift des Handelsherrn. Zu diesem Freibrief gehörte noch eine Einlage, die folgenden Wortlaut hatte:

Ich endesunterschriebener bescheinige hiermit, daß das zu dieser Stadt gehörige Fregatte-Schiff HEDEWIG ELEONORA *genannt, von 135 1/10 Lasten groß, und worauf der Bürger in Stralsund Johann Friedrich Ibenn Schiffer ist, mir und dem hiesigen Comptoir Velthusen & Sohn, einzig und allein zugehöre, für meine eigene Rechnung und Risico über See gehe, und kein Fremder unter einigem Schein sonst Theil daran habe; ich auch dieses Schiff oder einen Antheil daran niemand verkaufen wolle, ohne es einem hochedlen Rath*

sofort thunlich anzuzeigen. Sodann daß der Steuermann und die übrigen Seeleute Königlich schwedische Unterthanen sind: So wahr mir Gott helfen solle.
Wismar den 10. April Velthusen & Sohn
George Christian Velthusen

Letztgenannte Einlage war besonders wichtig, da das Schiff bei Anlaufen eines englischen Hafens sonst nicht abgefertigt worden wäre. Ursächlich waren dafür die Bestimmungen der englischen Navigationsakte, in der solche Regelungen, daß die Besatzung und das Schiff aus dem gleichen Lande sein mußten, ausdrücklich festgelegt waren. (Navigationsakte – englisches Gesetz, das sich gegen die holländische Schiffahrt richtete – 1651 erlassen, 1849 aufgehoben.)

Im Gegensatz zu dieser Einlage zum Freibrief hatte die HEDEWIG ELEONORA, zumindest auf dieser Reise, zwei Steuerleute an Bord. Eine Notiz zu dieser Reise weist Jacob Sedig aus Barth als Ersten und Peter Christoph Kraeplin aus Stralsund als Zweiten Steuermann aus. Es ist anzunehmen, daß auf Grund der Größe des Schiffes, unter Berücksichtigung der Fahrtgebiete bis in das Mittelmeer sowie der an Bord befindlichen Bewaffnung, generell zwei Steuerleute an Bord dieses Schiffes waren. Allerdings besteht auch die Möglichkeit, daß nur der Erste Steuermann gerechnet und erwähnt wurde. Es gibt aus dieser Zeit Hinweise von anderen Wismarschen Schiffen, wo der Zweite Steuermann in der Schiffsliste als Untersteuermann und Bootsmann geführt wurde. Dieser gehörte dann nicht zu den Offizieren, sondern zu den Leuten vor dem Mast. Den gleichen Rang nahm der Schiffszimmermann an Bord ein.

Welche Wichtigkeit in jedem Falle die Begleitpapiere hatten, zeigt folgende Episode. Im Frühjahr 1790 war das Schiff aus Mallaga zurückgekehrt und lief in Hamburg ein. Vermutlich auf der Rückfahrt stellte man das Fehlen des Biel- und des Meßbriefes fest. Umkehren hatte scheinbar nicht mehr gelohnt. Der Buchhalter des Velthusenschen Comptoirs in Wismar machte am 15. Mai 1790 zu diesem Vorgang folgende Aktennotiz:

Das Velthusensche Comptoir hieselbst läßt durch den Buchhalter Böse anzeigen, daß der im Jahre 1784 den 10. und 18. May über das Fregatte-Schiff HEDEWIG ELEONORA *ausgefertigte Meßbrief und Bielbrief zu Mallaga auf dem Zollhause zurückgeblieben, und solche von dort kommen zu lassen zu viele Zeit wegnehmen würde, indem das Schiff bereits wieder zu Hamburg liege und von dort abgehen solle: So sind beyde, Meß- und Bielbrief nach den vorherigen Conzepten nochmalen ausgefertigt.*

Daß solche Dokumente nicht billig waren, zeigt folgende Aufrechnung aus den Beständen dieses ehemals in Wismar etablierten Handelshauses: So kosteten am:

18. Mai 1784	
der Bielbrief	*2 Thaler*
10. Mai 1784	
der Meßbrief	*1 Thaler / 32 Schillinge*
25. Mai 1784	
das Certificat zum	
Freibrief	*1 Thaler / 12 Schillinge*
5. Juni 1784	
das Certificat zum	
algirisch Paß	*1 Thaler / 32 Schillinge*
der Rheder Revers	*32 Schillinge*
der Schiffer Revers	*12 Schillinge*
Courant:	*7 Thaler / 24 Schillinge*

Die Abschrift wie auch das Original des Meßbriefes sowie das Original des Bielbriefes sind noch vorhanden. Vermutlich wurden die Papiere bei einer späteren Reise im Hafen von Mallaga wieder in Empfang genommen.

Auch die Fahrt des Jahres 1793 führte in die südlichen Regionen. Von dieser Fahrt liegt noch eine eidliche Aussage vor dem Wismarschen Rat vor, worin die Bezahlung von Wein an ein Bordeauxer Handelshaus bestätigt wird.

Wir Bürgermeister und Raht der Königlich schwedischen Stadt Wismar thun kund und zu wissen, daß vor uns heute dato das hiesige Handlungshaus Velthusen & Sohn eidlich certifizieret hat:

Daß sie, genanntes Handlungshaus, von den Herren Peter Chicon & Sohn & Comp. in Bordeaux, unterm 30sten Julius 1793 vierzig Fässer weißer Weine, bestehend aus 20 Fässer besten Haut Preignac und 20 Fässer besten Bas Barrac haben einkaufen lassen, und das auch bereits unterm 3ten August die Bezahlung dafür durch sie, gedachtes Handlungshaus, geschehen ist. So wahr Ihnen, Certificanten, Gott helfen solle. Hienächst bezeugen wir auch auf Verlangen hiedurch, daß in dieser Stadt kein französischer Resident sich befindet. Wismar 19. May 1794

Dieses Schreiben lag noch einmal in französischer Sprache vor.

Die Fahrt des Jahres 1794 ging von Wolgast aus nach Port a Port. Heute ist diese portugiesische Stadt als Oporto bekannt. Der eigentliche Hafen ist Leixoes an der Mündung des Duero. Es ist anzunehmen, daß die HEDEWIG ELEONORA vom Spätherbst 1793 bis zum Beginn der Schiffahrtsaison im Jahre 1794 in Stralsund oder Wolgast in Winterlage war. Damit bot sich eine Ladungsübernahme im Frühjahr 1794 in Wolgast an. Der Freibrief für diese Reise ist mit dem 13. Mai 1794 datiert. Der Hauptanteil der Ladung bestand aus eichenen Pipenstäben. Das waren ca. 1 Meter lange Rundhölzer von 30 bis 40 cm Durchmesser. Innen waren diese Rundhölzer auf etwa ein Drittel ihres Durchmessers in der gesamten Länge aufgebohrt. Sie hatten damit die Form eines relativ starkwandigen Rohres. Diese Pipenstäbe wurden noch bis in das 19. Jahrhundert zur Verlegung von Wasserleitungen genutzt.

Wenn hier eine ganze Reihe Originaldokumente zitiert wurde, so soll damit veranschaulicht werden, wie sich noch vor rund 200 Jahren bestimmte Geschäftsgebaren gestalteten. Immer waren amtliche Siegel und ratsherrliche Bestätigungen notwendig. Das war gleichzeitig eine Form der Kontrolle, die der Rat über die Handelshäuser ausübte.

Andererseits waren sie ein bedingter Schutz vor Kaperung, besonders im Mittelmeer. Aber auch die bereits genannte englische Navigationsakte mußte berücksichtigt werden, wenn man Geschäfte machen wollte. Es war alles in allem ein komplizierter Vorgang.

Der sogenannte *Algirische Paß* (manchmal auch als *Türkenpaß* bezeichnet), hatte für die Wismarschen Schiffer eine besondere Bedeutung. Auf Grund der Verträge zwischen dem Königreich Schweden und den Herrschern der sogenannten *Barbareskenstaaten* genossen die Wismarschen Schiffe den Schutz der schwedischen Krone. Wie hoch diese Sicherheit allerdings in Wirklichkeit war, wurde bereits im Zusammenhang mit der Königlich schwedischen Fregatte vor Tripolis beschrieben.

Wann und wo das Fregattschiff HEDEWIG ELEONORA außer Dienst gestellt wurde oder ob es in See verloren ging, konnte nicht mehr festgestellt werden. Da der Hauptsitz des Handelshauses Velthusen & Sohn in Stettin lag, besteht auch die Möglichkeit, daß das Schiff später von Wismar aus verlegt wurde. Auch Stralsund könnte in Frage kommen, zumal der zweite Schiffer von dort stammte. In den Archiven der genannten Städte fand sich jedoch kein Hinweis auf dieses Schiff. Als die

Niederlassung des Velthusenschen Comptoirs in Wismar 1806 nach Verkauf aller Immobilien aufgelöst wurde, könnten möglicherweise alle in der Stadt registrierten Seefahrzeuge der Firma verkauft worden sein. Es liegen über verschiedene Vorgänge dieser Firmenauflösung beglaubigte Akten vor. Allerdings fehlten auch eine Reihe dieser Akten. Daß sie einmal vorhanden waren, ließ sich nur noch anhand älterer Findbücher feststellen. Das fällt um so mehr auf, da über alle anderen Schiffe, auch die 150 schwere Lasten tragende Fregatte CAROLUS, ebenfalls keine Unterlagen mehr aufzufinden waren.

Der zweite Schiffer der HEDEWIG ELEONORA, Johann Friedrich Ibenn, ist nach dem Register St. Jürgen zu Stralsund in Preußen geboren. Am 24. Juli 1798 starb er in Stralsund an Bruch und Altersschwäche. So ist es in den Stralsunder Archivakten nachgewiesen. Entsprechend den damaligen Gepflogenheiten hatte Schiffer Ibenn sicher bestimmte Anteile an dem Schiff HEDEWIG ELEONORA. Daß er diese möglicherweise bereits beim Bau des Schiffes in Wismar erwarb, ist wahrscheinlich, aber nicht bewiesen. Es liegt jedoch im Stralsunder Archiv eine Klage der dortigen Kaufmannschaft gegen den Schiffer vor wegen *Eindrangs*. Man warf ihm vor, daß er 1781 beabsichtigte, ein großes Schiff auswärts und in fremder Währung bauen zu lassen. Ort und Schiff wurden in der Klage nicht näher bezeichnet. Es steht die Vermutung, daß es sich dabei um den 1782 begonnenen Bau der HEDEWIG ELEONORA gehandelt haben könnte. Schiffer Ibenn setzte damals nach Bekanntwerden der Klage eine Verteidigungsschrift auf, in der er belegte, daß er das Schiff aus schwedischem Material auf einer entsprechenden Werft zu bauen gedenke. Damit konnte die Kaufmannschaft mit ihrer Klage nicht durchkommen, da Stralsund ebenfalls schwedisch war. Da J. F. Ibenn die HEDEWIG ELEONORA jedoch erst 1787 übernahm, könnte es sich bei dem in der Klage bezeichneten Schiff auch um ein anderes Fahrzeug gehandelt haben. Das würde bedeuten, daß er Anteile am Schiff erst später erwarb bzw. als sogenannter *Setzschiffer* auf dem Fregattschiff fuhr. Da er an Altersschwäche verstarb, müßte er das Kommando eventuell schon einige Zeit vorher abgegeben haben. Es gibt in den Wismarschen Unterlagen jedoch keinen Hinweis, daß ein weiterer Schiffer benannt wurde. Ab 1794 taucht das Schiff selbst in keinerlei Hafenein- und -ausgangsbüchern mehr auf. Es hat Wismar möglicherweise danach nie wieder angelaufen. Noch einmal taucht der Name Ibenn in Stralsunder Unterlagen im Jahre 1802 auf. Ein Barthold Joachim Ibenn gab bei dem Stralsunder Schiffbaumeister Johann Albrecht Meyer eine Bark in Auftrag. Der Name Ibenn wurde in der Stralsunder Schiffercompagnie ab 1809 nicht mehr geführt.

(Anmerkung: Im Bielbrief des Schiffbaumeisters Smidt ist die Schreibweise des ersten Namens der Fregatte HEDEVIG, also mit »V«. In allen anderen Unterlagen ist die Schreibweise jedoch HEDEWIG. Es wurde von den Verfassern deshalb die ständig in Gebrauch befindliche Schreibweise übernommen.)

Das Vollschiff ALT MECKLENBURG

Bei einem Bestand von über 300 zur städtischen Flotte gehörenden Segelschiffen gab es um die Mitte des 19. Jahrhunderts in Rostock keine Vollschiffe. Es hatte sie auch in den vergangenen Jahrzehnten nicht gegeben. Größter und zahlreich vorhandener Schiffstyp war die Bark. Diese Fahrzeuge fand man auf fast allen Meeren. Hauptausfuhrprodukt Rostocks war zu dieser Zeit mecklenburgisches Getreide, das vorzugsweise nach England verschifft wurde. Neben kleineren Barken verkehrten auf dieser Route vorwiegend Briggen, Schoner und Galeassen. Die größeren Überseebarken liefen in das Mittelmeer, das Schwarze und Asowsche Meer sowie entlang der norwegischen Küsten bis hin nach Archangelsk. Fahrten über den Atlantik an die Ostküsten Nord- und Südamerikas waren ebenfalls keine Seltenheit mehr. Wesentlich seltener wurden das gefürchtete Kap Hoorn sowie das Kap der Guten Hoffnung umrundet.

Der Zeitraum, in den der Bau des Vollschiffes ALT MECKLENBURG fiel, war in der internationalen Schiffahrt durch zahlreiche Vollschiffneubauten gekennzeichnet. Darunter fielen besonders die Klipper. Zu Beginn der fünfziger Jahre spitzte sich die politische Lage im Schwarzen Meer immer mehr zu. Es kam zum Ausbruch des Krimkrieges. Besonders England und Frankreich, die mit der Türkei verbündet waren, nahmen viele Schiffe der einzelnen deutschen Städte und Staaten unter Charter, um ihre zahlreichen Transportaufgaben erfüllen zu können. Der steigende Bedarf an Frachtraum und Informationen der verschiedensten Art mögen den Rostocker Korrespondentreeder Beselin angeregt haben, ein besonders großes, vollgetakeltes Schiff bauen zu lassen. Den Bedingungen heimischer Verhältnisse im Schiffbau und in der Reederei angepaßt, stand sicher außer Frage, für Rostock einen Klipper in Fahrt zu bringen. Da die mecklenburgischen Reedereien damaliger Zeit durchweg Partenreedereien waren, das Prinzip der Aktiengesellschaften hatte sich hier noch nicht durchgesetzt, wäre der Bau eines großen, echten Klippers auf einer städtischen Werft wohl kaum möglich geworden. So wurde denn auch der Rumpf des Vollschiffes im Stile der bisherigen größeren Überseebarken noch relativ völlig, aber mit einer im Verhältnis zur Breite ungewöhnlich großen Länge gebaut.

Im Herbst 1855 schloß der Mitinhaber der Partenreederei R. V. Beselin, Berthold Beselin, den Kontrakt zum Bau des Vollschiffes ALT MECKLENBURG mit dem Rostocker Schiffbaumeister Wilhelm Heinrich Zeltz ab. Vor Abschluß des Baukontraktes hatte der zukünftige Schiffer Johann Heinrich Joachim Korff alle Mühe gehabt, die notwendigen finanziellen Mittel zum Bau des Fahrzeuges aufzubringen. Der Umstand, daß der zukünftige Schiffer für die Beschaffung dieser Gelder hauptverantwortlich war, zählte zu den wesentlichen Nachteilen der Partenreederei. Entsprechend damaligen Gepflogenheiten wurde der veranschlagte Gesamtbaupreis in 60 Anteile aufgeteilt und den Mitreedern zum Erwerb angeboten. Dabei wurde besonders die Mittelschicht der Stadt angesprochen. Es wurde ein entsprechender Gewinn in Aussicht gestellt, für den außer einer einmaligen Geldeinlage nichts weiter zu tun war. Es ist nicht belegt, wieviel Zeit Schiffer Korff brauchte, um die erforderliche Summe zusammenzubekommen. Es war keine Seltenheit, daß solche Vorgänge bis zu einem Jahr Zeit in Anspruch nahmen. Wie schwierig das offensichtlich im Falle der ALT MECKLENBURG war, beweist allein die Tatsache, daß 11 der 60 Anteile außerhalb Mecklenburgs abgedeckt wurden. Unter diesen elf Partenreedern befanden sich allein acht verschiedene Schiffsmakler in Hamburg, Liverpool, London, Antwerpen und Vlissingen. Zwei Anteile übernahm ein Rittergutsbesitzer aus Groß Glogau, und der elfte Part wurde von den Kaufleuten Köper & Schönknecht in Liverpool gezeichnet. Wichtig bei der Vergabe der Anteile war, daß mindestens die einfache Mehrheit in Mecklenburg veräußert wurde, da sonst das Schiff später nicht das Recht zum Führen der mecklenburgischen Flagge erhalten hätte.

Während der Baukontrakt für die ALT MECKLENBURG abgeschlossen wurde, kam es durch Schiffbaumeister W. Zeltz mit der unter Korrespondenz von L. Burchard & Sohn stehenden Reederei zu einem weiteren Vertragsabschluß zum Bau eines Vollschiffes. Dieses wurde 1856 unter dem Namen MARGARETHE ROESNER in Dienst gestellt. 1865 wurde dieses Schiff in PROMETHEUS umbenannt und bereits zwei Jahre später zur Bark umgetakelt. 1881 ging die Bark PROMETHEUS auf der Reise von Newcastle/Tyne nach Danzig bei Rixhöft durch Strandung total verloren.

Im Januar 1856 wurde vertragsgemäß der Kiel für das Vollschiff ALT MECKLENBURG gestreckt. Nach nur knapp neun Monaten Bauzeit erfolgte am 28. September des gleichen Jahres der Stapellauf. Der Korrespondent der »Rostocker Zeitung«, der diesem Ereignis beiwohnte, schrieb am 29. September in einem Artikel:

Gestern Nachmittag 5 Uhr wurde auf der Werfte des Herrn Schiffbaumeisters Zeltz das Schiff ALT MECKLENBURG, *Capitain J. J. Korff, vom Stapel gelassen. Es ist dies das Größte der je für hiesige Rechnung hier gebauten Segelschiffe, wird als Fregatte getakelt werden und hat eine Länge über Deck von 152 Fuß, eine Kiellänge von 132 1/2 Fuß, eine Breite von 30 Fuß und eine Tiefe im Raum unter dem niedrigsten Decksbalken gemessen von 17 Fuß 3 Zoll. Die Kajüte befindet sich im hohen Quarterdeck und ist ganz mit Rücksicht auf Passagiere eingerichtet. Das Schiff war schon seit geraumer Zeit vollständig zum Ablaufen fertig, doch mußte seiner Größe wegen erst ein höherer Wasserstand abgewartet werden, der endlich gestern eintrat.*

Hier wird gleichzeitig ein bezeichnendes Licht auf die Möglichkeiten Rostocker Werften geworfen. Der Stapellauf vollzog sich trotz des »wenigen Wassers« ohne besondere Ereignisse nach dem üblichen Zeremoniell. Bis zur endgültigen Übergabe an den Eigner und der damit verbundenen Indienststellung des Schiffes vergingen nach dem Stapellauf nur noch 43 Tage. Das bedeutet, daß zum Zeitpunkt des Stapellaufes bereits ein großer Teil der Takelung, Masten und Stengen sowie die Rahen vorgefertigt war. Die Indienststellung der ALT MECKLENBURG erfolgte am 11. November 1856. Am Fock- und am Kreuzmast trug die ALT MECKLENBURG je vier Rahen, am Großmast dagegen fünf. Die Marssegel waren an allen drei Masten nicht unterteilt. Das Schiff hatte ein Deckshaus, in dem sich die Kombüse befand. Achtern war das Deck als Quarterdeck ausgebaut und in der ganzen Breite zur Unterbringung der Besatzung sowie einiger Passagiere vorgesehen. Neu war auch die Anordnung der Beiboote. Ähnlich, wie es bisher nur bei Walfängern beobachtet wurde, hingen zwei Boote in Höhe des Kreuzmastes an Davits außenbords. Damit wurde an Deck mehr freier Raum geschaffen, der dem erhöhten Platzbedarf bei Mitnahme von Passagieren Rechnung trug. Am Kreuzmast fuhr die ALT MECKLENBURG ein relativ großes Besansegel. Der Baum überragte das Schanzkleid achtern um rund ein Viertel seiner Gesamtlänge. Ihrem Taufnamen gerecht werdend, trug die ALT MECKLENBURG eine entsprechende Galionsfigur. Es war der mecklenburgische Stierkopf, der mit einer Krone geschmückt und mit einem Ring durch die Nase mehr grimmig als würdevoll auf die unter ihm rauschende See blickte.

Mit der endgültigen Fertigstellung des Schiffes beantragte W. Zeltz vor dem Rostocker Gewettgericht die Bestätigung des Bielbriefes am 11. November 1856.

Bielfbrief für das Vollschiff ALT MECKLENBURG:

Wir Vor- und Beisitzer im hiesigen Gewettgerichte als die von E. E. Rath dazu deputierten Senatoren machen vor Jedermann, wes Hoheit, Würde und Standes er sey, hierdurch bekannt und wissend, daß der hiesige Bürger und Schiffbaumeister Wilhelm Hermann Zeltz bei Nachsuchung eines Bielbriefes für das Fregattschiff ALT MECKLENBURG *angesagt und mit einem körperlichen Eide als wahr bekräftigt hat. Er habe allhier auf der Schiffswerfte für den Rostocker Schiffer Joachim Korff das Fregattschiff* ALT MECKLENBURG *aus tüchtigem und gesundem eichenen Bauholze und Planken mit glatter, von tannenen Planken gelegter Decke, gewrungenem Spiegel und durchsteckendem Ruder, in dem Zeitraume von Januar bis Oktober 1856 vom Kiel auf neu erbaut und sey dieses Schiff lang im Kiel 131 Fuß 5 Zoll, messe in seiner größten Breite über der Außenkante der Inhölzer dreißig Fuß und in der Höhe vom Garnier bis zur Unterkante des niedrigsten Balkens schnurrecht siebzehn Fuß vier 1/4 Zoll, alles nach Stockholmer Maße gerechnet.*

Dem Gesuche um Ertheilung eines Bielbriefes ist nach also bestätigten Angaben deferirt und ist dies somit erteilte Documentum publicum, damit es seine volle Kraft und Gültigkeit habe, auf unser Geheiß von dem Gewettsecretair eigenhändig unterschrieben und mit dem größeren Insigel besiegelt.

So geschehen Rostock den elften November 1856.

Mit Bestätigung des Bielbriefes war die Übernahme des Schiffes durch den Schiffer und die Eigner rechtskräftig. Der ALT MECKLENBURG wurde das Recht zur Führung der mecklenburgischen Flagge mit der Nummernflagge R-68 der Stadt Rostock erteilt. Als 1868 für alle Staaten des Norddeutschen Bundes eine neue Flaggenordnung rechtskräftig wurde, fielen die bisherige Handels- und Nummernflagge weg. Statt dessen wurde die schwarz-weiß-rote Flagge des Bundes gesetzt. Die ehemalige Nummernflagge wurde von vier Buchstabenwimpeln abgelöst. Sie dienten als Unterscheidungssignal. Die ALT MECKLENBURG erhielt die Buchstaben MBNR zugeordnet.

J. J. H. Korff führte das Schiff bis zum Jahre 1871. In diesem Jahre übergab er die Schiffsführung an Otto Lüders. Die ALT MECKLENBURG war zu dieser Zeit bereits zur Bark umgetakelt worden.

Neben dem Bielbrief galt der Meßbrief des Schiffes als nächst wichtiges Dokument. Wenn das Vollschiff erstmals vermessen wurde, war nicht mehr festzustellen. Es muß aber zum Zeitpunkt der Indienststellung erfolgt sein. Der älteste erhalten gebliebene Meßbrief der ALT MECK-

LENBURG stammt vom September 1858. Nach diesem Meßbrief war die Tragfähigkeit des Schiffes mit 170 »hiesigen Commerzlasten« angegeben. Spätere Vermessungen, die nach der für alle Bundesstaaten gültigen Vermessungsmethode durchgeführt wurden, weisen eine Tragfähigkeit von »206 1/2 Commerzlasten zu 60 Zentnern des allgemeinen Landesgewichtes« aus.

Meßbrief von dem hiesigen Fregatt-Schiffe Alt Mecklenburg, *geführet von dem hiesigen Bürger und Schiffer J.J.H.Korff.*

Wir Bürgermeister und Rath der Stadt Rostock thun kund und bezeugen hierdurch, daß vor uns persönlich erschienen sei unser hiesiger Bürger und Hafenmeister F.Besike und ad protokollum dejouniret, wie so auf Requisition des hiesigen Bürgers und Schiffers J.J.H.Korff das von demselben unter hiesiger Flagge geführte Fregatt-Schiff Alt Mecklenburg *vermessen und sei dasselbe:*

in der höchsten Wasserlinie von Steven zu Steven und von Außenhaut zu Außenhaut in der Länge	*141 Fuß*
die größte Breite über Deck von O-Spannt von Außenhaut zu Außenhaut der Inhölzer	*30 Fuß*
die schnurrechte Tiefe vom mächtigsten Decksbalken bis zum Garnier	*$17\,^{17}/_{48}$ Fuß*
die senkrechte Zulaschung	*$8\,^{1}/_{2}$ Fuß*

alles nach schwedischem Maß gemessen und sei solches Fregatt-Schiff hierdurch hundert und siebenzig hiesige Commerzlasten tüchtig.

Rostock den 22.September 1858.

Als am 14.Februar 1868 das Schiff unter der laufenden Nummer 157 im neu geschaffenen Rostocker Schiffsregister eingetragen wurde, stand unter der Columne 9 zu lesen:

...Von Eichenholz, mit gewrungenem Spiegel und durchsteckendem Ruder erbaut, hat ein glattes Deck, 3 Masten und ist als Bark getakelt.

Es waren in erster Linie wirtschaftliche Erwägungen, die im Winter 1867/68 das Umtakeln zur Bark bestimmten. In den vergangenen elf Dienstjahren hatte die Alt Mecklenburg als Vollschiff gegenüber gleichgroßen Barken keinerlei besondere Vorteile erbracht. In der Zwischenzeit waren weit größere Barken gebaut worden, die keinesfalls langsamer als das Vollschiff liefen. Zwei Jahre später wurde ja auch die kleinere Prometheus zur Bark umgetakelt. Einstmals das größte Schiff der Rostocker Flotte, fiel die Alt Mecklenburg nun nicht mehr zwischen den großen Barken auf. Aber auch mit dieser neuen Takelung dürfte das Schiff noch gute Fahrtleistungen gebracht haben. Es wurde weiterhin in der *Langen Fahrt* über den Atlantik und rund Kap Hoorn eingesetzt.

1872 trat die Alt Mecklenburg ihre letzte Reise über den Ozean an. Erster Zielhafen war die uruguayische Hauptstadt Montevideo. Von da versegelte sie rund Kap Hoorn an die mexikanische Westküste nach Manzanillo. Als die Bark dort Anfang Oktober eintraf, herrschte schon seit Tagen schlechtes Wetter. Der Hafen bot wenig Schutz vor Sturm und Seegang. In der Nacht vom 6. zum 7. Oktober nahm der Sturm noch zu. Ein Ablaufen, um auf See abzuwettern, war nicht mehr möglich. Letztlich schlugen alle Versuche, das Schiff vor Anker zu halten, fehl. Am Morgen des 7.Oktober strandete die Alt Mecklenburg im Hafen von Manzanillo und schlug leck. Im Hafengebiet selbst gab es keine Möglichkeit, das Schiff umfassend zu reparieren. Ein Abbringen von der Strandungsstelle und Überführung in einen anderen Hafen hätte zum sicheren Untergang der Bark geführt. Die Besichtigung der Alt Mecklenburg durch die mexikanischen Behörden führte schließlich zur Kondemnation (Schiff wird für fahrtuntauglich erklärt). Bei dem später in Auktion durchgeführten Verkauf des Wracks gingen als höchstes Gebot 800 Dollar ein. Diese Summe reichte nicht einmal, um alle angefallenen Unkosten abzudecken.

Die Alt Mecklenburg hatte als Vollschiff nur ein kurzes Dasein. Korrespondenzreeder R. V. Beselin hatte danach kein weiteres Vollschiff mehr unter seiner Korrespondenz.

Zur Rekonstruktion der Schiffe Hedewig Eleonora und Alt Mecklenburg

1. Hedewig Eleonora

Der im Stadtarchiv Wismar vorhandene Bielbrief der Fregatte Hedewig Eleonora enthält außer den Hauptabmessungen und der Angabe der Tragfähigkeit in Lasten nur wenige Hinweise auf die Bauart des Schiffes. Die zeichnerische Darstellung kann deshalb nur ein Versuch sein, nach diesen Daten mit Hilfe der Fachliteratur, der Auswertung von Abbildungen und durch Berechnungen eine Rekonstruktion der Hedewig Eleonora auszuarbeiten, die typische Merkmale von Schiffen der damaligen Zeit aufweist. Es wird kein Anspruch darauf erhoben, daß das Schiff wirklich so ausgesehen hat, es entspricht aber in seinen technischen Parametern den damals allgemein gültigen Bauregeln.

Hans Szymanski hat in seinem Buch über die Geschichte der hölzernen Frachtschiffe an der deutschen Ost- und Nordseeküste für den Zeitraum vom Ende des 18. Jahrhunderts bis in die dreißiger Jahre unseres Jahrhunderts das Ergebnis umfangreicher Studien veröffentlicht. Er stellte dabei fest, daß Fregatten in den genannten Gebieten bis 1815 nur vereinzelt gebaut wurden und daß außer mehreren zeitgenössischen Aquarellen Linienrisse kaum überliefert worden sind. Von dem um 1800 für Jürgen Paulsen auf Christiansens Werft gebauten Fregattschiff Doris existieren noch Zeichnungen und ein gutes Modell. Szymanski beschreibt u. a. die Bauart der Fregattschiffe sowie deren Takelung und Ausrüstung.

Von besonderer Bedeutung für die Rekonstruktion der Hedewig Eleonora ist die Tatsache, daß ihr Erbauer, ein gebürtiger Schwede, von Stockholm nach Wismar kam. Damit kann der Einfluß des schwedischen Schiffbaustils der damaligen Zeit auf den Bau des Schiffes als wahrscheinlich angesehen werden. In Wismar selbst wurde schon nach dem Dreißigjährigen Krieg dieser Einfluß spürbar, da die Stadt seitdem unter schwedischer Herrschaft stand.

Das bedeutendste Werk dieses Zeitraumes, die »Architektura Navalis Mercatoria« des schwedischen Schiffbauers Frederik Henrik af Chapman, war 1768 in Stockholm erschienen. Auf dem Pl. VI No. 7 ist ein Fregattschiff 1. Klasse dargestellt, mit dem die Hedewig Eleonora vergleichbar ist. Dabei ist das um 16 bis 20 Jahre später datierte Baujahr der Hedewig Eleonora gegenüber den Chapmanschen Veröffentlichungen ebenso zu berücksichtigen wie Eigenheiten des Schiffszimmermeisters, vorgesehener Einsatzzweck, Fahrtgebiete und speziellen Wünsche des Reeders.

Wie sich aus den Berichten und den Dokumenten ersehen läßt, muß schon vor Baubeginn die Absicht zu Reisen in das Mittelmeer bzw. über das Ost- und Nordseegebiet hinaus bestanden haben. Aus den gleichen Gründen ist sicher auch die Bewaffnungsvariante gewählt worden. Die Hedewig Eleonora mag kein schlechter Segler gewesen sein. Die Segelfläche wurde größer gewählt, als es für die Küstenfahrt erforderlich gewesen wäre. Auch der

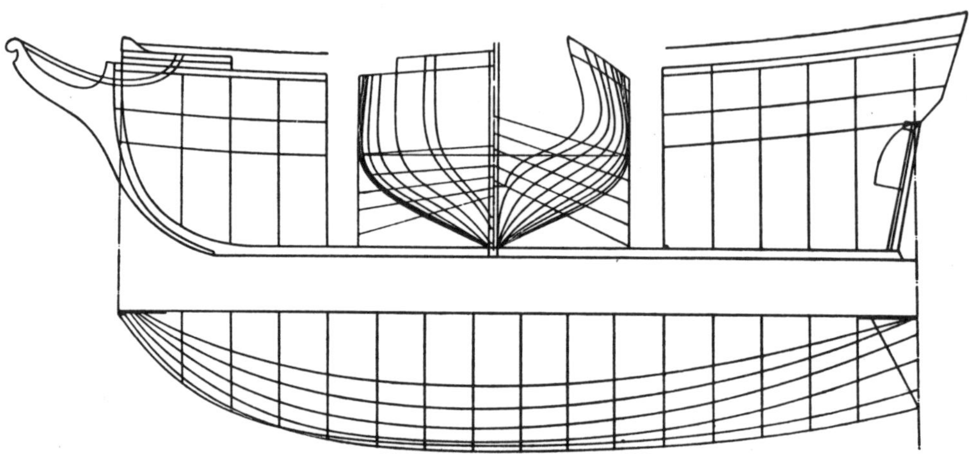

Fig. 28 Doris, Fregattschiff von Flensburg, gebaut um 1800 von J. C. Christian

Rumpf war nicht so völlig, wie er zu dieser Zeit bei vielen Ostseeseglern anzutreffen war.

Die Schiffsvermessung und die Entwicklung der Vermessungs- und Berechnungsmethoden werden von C. F. Steinhaus in einem 1899 herausgegebenen Buch ausführlich beschrieben. Daraus geht hervor, daß man im 15. Jahrhundert in England begonnen hatte, außer den Dimensionen der Schiffe ihre Größe nach der Anzahl der Fässer oder Tonnen (später Tonnage), die es aufnehmen konnte, in Listen zu führen.

Eine Methode zur Schiffsvermessung von Mr. Menson wurde erst 1633 eingeführt. Bis zu diesem Zeitpunkt wurde ausschließlich gezählt oder einfach geschätzt. Später fand dann der Übergang von der Maßtonne (1 Weinfaß = 252 Gallonen = 2240 Pfund) zur Gewichtstonne statt. Die Methoden der Vermessung und Berechnung der Tragfähigkeit wurden immer wieder verändert. Sie sollten praktisch anwendbar sein und eine reale Größe als Grundlage für die Berechnung von Gebühren in den Häfen bilden. Leider bestanden in den Ländern bzw. den einzelnen Seestädten keine einheitlichen Regeln, Maße und Gewichte. Von Steinhaus wird sogar auf die Möglichkeit hingewiesen, daß im Laufe der Zeit nicht mehr die wirkliche Tragfähigkeit oder das Ladevolumen ausgewiesen wurde.

Erst 1830 wurde in Dänemark eine auf wissenschaftlicher Grundlage beruhende Vermessungsvorschrift aufgestellt. England folgte 1854 mit der Einführung des Moorsonschen Systems. Auch damit war noch kein Abschluß erreicht.

Die Hedewig Eleonora ist vermutlich nach der Mitte des 18. Jahrhunderts in Schweden gültigen Methode vermessen, bei der die Länge des Schiffes auf Deck zwischen den Steven, die größte Breite zwischen den Wegern und die Tiefe in der Mitte Unterkante Deck bis auf den Kiel miteinander multipliziert wurden, das Produkt durch 200 dividiert und davon 1/6 des

Quotienten als Lastigkeit für das Schiff in schweren schwedischen Lasten zu 18 Schiffspfund Eisengewicht errechnet wurde. Bei Anwendung der o.g. Vermessungsregel war es dem Vermesser überlassen, nach der Beurteilung der Völligkeit und Bewaffnung eines Schiffes Zuschläge oder Abzüge für die ermittelte Lastigkeit zu geben.

Aus einer Berechnung nach der o.g. Methode würden sich für die HEDEWIG ELEONORA 184 Lasten ergeben, so daß erhebliche Abzüge vorgenommen sein müßten, um auf 134 4/7 bzw. 135 1/10 Lasten zu kommen. Chapman erläuterte bereits in »Tractat om Skepps – Byggeriet« 1775 ein besseres Verfahren, das 1835 auch unter der Bezeichnung *New Measurement* allgemein bekannt wurde (siehe auch Korth, »Die Schiffbaukunst«, 1826). Dabei wird die Tiefgangsdifferenz zwischen voll beladenem und leerem Schiff mit der Länge über Steven (direkt vor dem Heckbalken gemessen) und mit der Breite auf Außenkante Beplankung multipliziert und durch 115 dividiert. Da der Divisor 115 für Schiffe mit schlanken Schiffsenden gilt und die Berechnung fast genau die angegebenen Lasten der HEDEWIG ELEONORA ergibt, muß eine entsprechende Rumpfform vorgelegen haben. Das Verhältnis zwischen Tragfähigkeit und Eigengewicht des Schiffes wird verschieden angegeben. Nach Steinhaus (1858) war es mit 5/9 zu 4/9 des Gesamtgewichtes anzunehmen. Dagegen gibt Korth (1826) ein Verhältnis von 2/3 zu 1/3 an. Ein Vergleich mit den Daten gebauter Schiffe ergab sogar z.T. noch geringere Werte als 1/3, wobei auch die Schiffsgröße, die Anzahl der Bewaffnung und der Schiffstyp zu berücksichtigen war.

Aus den im Bielbrief angegebenen Tiefgängen und einer Berechnung der Verdrängung des Schiffes bei diesen Tiefgängen wurde ein Deplacement (Gesamtgewicht) von 541 t errechnet, das sich aus 331 t Tragfähigkeit und 210 t Eigengewicht des Schiffes zusammensetzt. Dabei ist ein Mittelwert zwischen den von Korth und von Steinhaus angegebenen Größenverhältnissen zugrunde gelegt. Nach Chapman ergibt sich für 134 4/7 Lasten ein Deplacement für eine Fregatte von 557t und für eine Bark gleicher Lasten von 502t.

Der Rekonstruktionsentwurf wurde unter Zugrundelegung der Meßbriefdaten und der Angaben von Chapman über die Abmessungen der Schiffe und die Dimensionen der Rundhölzer auf Handelsschiffen ausgearbeitet. Für weitere Berechnungen und zum Vergleich der Ergebnisse mit den Daten anderer Schiffe dienten die Werke von Korth und Steinhaus. Die Schwierigkeit bestand darin, daß die einzelnen Angaben aus den verschiedenen Quellen nicht wahllos zusammengefügt werden durften, sondern sinnvoll zusammen mit den wenigen historisch belegten Daten zu einem technisch und praktisch brauchbaren Ergebnis verarbeitet werden mußten. Danach würden für die HEDEWIG ELEONORA die in der folgenden Aufzählung genannten Parameter gelten:

Länge in der Wasserlinie	28,50 m
Breite auf Spant	7,96 m
Tiefgang über Oberkante Sponung	3,76 m
Volumen auf Mallkante	497,00 m^3
Deplacement	541,00 t
Tragfähigkeit	331,00 t
Hauptspantfläche	24,70 m^2
Fläche der Wasserlinie (KWL)	194,2 m^2
Völligkeitsgrad (δ) der Verdrängung	0,58
Völligkeitsgrad (β) des Hauptspantes	0,83
Völligkeitsgrad (α) der Wasserlinie	0,86
Schlankheitsgrad (ψ)	3,5
Lage des Verdrängungsschwerpunktes unter der WL	1,40 m
Lage des Verdrängungsschwerpunktes vor ½ L	0,82 m
Segelfläche (ohne Stag- und Leesegel)	648,00 m^2

Verhältnis der Segelfläche zur Hauptspantfläche	26:1
Lage des Schwerpunktes der Segelfläche über der Wasserlinie	14,47 m
Lage des Schwerpunktes der Segelfläche vor dem Verdrängungsschwerpunkt	1,70 m

Für die Dimensionen der Masten und Rahen sowie die Festlegung ihrer Standorte und Abstände wurden hauptsächlich die Berechungsverfahren von Chapman angewendet. Die Ergebnisse wurden mit den Angaben von Korth und mit Originalsegelrissen verglichen. Wie beim Schiffsrumpf konnte für den Segelriß ebenfalls nur eine Typdarstellung entworfen werden, die der Größe der HEDEWIG ELEONORA entspricht. Eine Kontrolle der Segelflächengröße von 648 m² (ohne Stag- und Leesegel) nach verschiedenen Verfahren von Steinhaus, Fincham, Scott, Russell und van Hüllen ergab, daß sie einem Mittelwert entspricht. Auch eine Stabilitätsberechnung nach Middendorf, bei der das Segelmoment und das Stabilitätsmoment ermittelt wurden, bestätigte die Entwurfsdaten. Das Baujahr 1784 für die HEDEWIG ELEONORA spielte gegenüber den für moderne Segelschiffe geltenden Berechnungsverfahren bei so einer technischen Untersuchung keine wesentliche Rolle. Im Ergebnis wird bewiesen, daß auch die *alten* Bauregeln zu brauchbaren Schiffen geführt haben. Der Segelriß der HEDEWIG ELEONORA entspricht mehr den älteren Fregatten, wie sie z.B. von Chapman gezeichnet wurden. Aber auch andere Frachtsegler mit Fregatttakelung zeigten Ende des 18. Jahrhunderts außer den Stag- und Klüversegeln nur je drei Rahsegel an Fock- und Großmast und das Kreuzmarssegel sowie den Besan am Besanmast. Die bereits beschriebene Entwicklung in der Takelung von Fregatten mit Royalsegeln über dem Vor- und Großbramsegel vollzog sich zuerst bei den Fregatten der Segelkriegsflotten und in vollendeter Form bei den amerikanischen Schiffen am Ende des 18. Jahrhunderts.

Zur Decksausrüstung der HEDEWIG ELEONORA gehörte ein großes Bratspill hinter dem Fockmast und ein Gangspill hinter dem Großmast. Zwischen Fockmast und Großmast befand sich eine Ladeluke, über der an Deck das große Boot gelagert war. In diesem Boot stand ein kleines Boot. Eine zweite, kleinere Ladeluke war hinter dem Großmast angeordnet. Im Bereich des Fockmastes waren im Deck zwei Einstiegsluken vorgesehen, eine davon als Zugang zur Kombüse, die sich unter Deck hinter dem Fockmast befand. Diese Anordnung der Kombüse ergab sich aus der Notwendigkeit, an Deck Platz für die Aufstellung und Bedienung der 4 kleinen Geschütze freizuhalten. Durch die andere Luke war ein Zugang zum unteren Deck und von dort in die Vorpiek möglich. Es war nicht festzustellen, ob im Vorschiff einige der etwa 19 Mann zählenden Besatzung untergebracht waren, oder ob nur das geräumige Achterschiff dafür genutzt wurde. Der Zugang zu den Räumen des Achterschiffs war vom Frontschott des Quarterdecks möglich. Vom Hauptdeck aus führte eine Treppe auf das Achterdeck. Vor dem Besanmast befanden sich der Ruderstand und das Kompaßhäuschen, so daß die relativ lange, über Deck geführte Ruderpinne durch Seile mit der Seiltrommel des Ruderstandes verbunden war. Ein Oberlicht war hinter dem Besanmast in das Achterdeck eingesetzt. Zur weiteren Decksausrüstung zählten die drei Mastbetinge, Nagelbänke, Ringbolzen zum Einhängen von Geschütztakeln, Brooktauen, Taljen usw., dazu zwei Handlenzpumpen vor dem Großmast, die gesamte Ankerausrüstung am Vorschiff.

Einige Einzelheiten sind durch Abbildungen dargestellt.

2. Alt Mecklenburg

Für die Ausarbeitung eines Rekonstruktionsentwurfs standen die Daten des Bielbriefes vom 11. November 1856 und der Meßbrief vom September des Jahres 1858 sowie eine Anzahl Archivakten mit weiteren Angaben über das Schiff zur Verfügung. Mehrere Originalrisse Rostocker Barken aus den fünfziger Jahren des 19. Jahrhunderts, Schiffsporträts und nicht zuletzt das von Heinrich Reimers (Kiel, 1857) gemalte Bild des Fregattschiffes Alt Mecklenburg waren die Grundlage für die Übertragung typischer Merkmale auf den Entwurf.

Aus den amtlichen Angaben im Meßbrief und im Bielbrief wurden folgende Daten übernommen:

Länge im Kiel	131 Fuß 5 Zoll = 39,02 m
Länge in der höchsten Wasserlinie von Steven zu Steven und von Außenhaut zu Außenhaut	141 Fuß = 41,86 m
größte Breite über Deck von Außenhaut zu Außenhaut der Innenhölzer	30 Fuß = 8,91 m
Tiefe von Unterkante des niedrigsten Balkens schnurrecht bis zum Garnier	17 Fuß 4 ½ Zoll = 5,16 m
die senkrechte Zuladung	8 ½ Fuß = 2,52 m

Daraus ergaben sich die auf Mallkante Spant gezogenen Werte für schiffbautechnische Berechnungen:

Länge in der Wasserlinie	L = 41,66 m
Breite in der Wasserlinie	B = 9,06 m
Tiefgang (Berechnungstiefgang)	T = 4,60 m

Der maximale Tiefgang betrug 5,20 m, da zu dem Berechnungstiefgang von 4,60 m noch die Beplankung, der untere Teil des Kiels, der Loskiel und der Kielfall von 1/2 L bis zum Achtersteven hinzukamen. Die Werte für den Tiefgang wurden aus der Raumtiefe (5,16 m) unter Abzug des Freibords und der Tiefgangsdifferenz zwischen beladenem und leerem Schiff berechnet. Dabei mußten auch die Maße des Decksbalkens, des Decks und der Bodenverbände berücksichtigt werden. Als Tragfähigkeit des Schiffes waren einmal 170 »hiesige Commerzlasten« und auch 206,5 Commerzlasten zu 60 Zentnern des allgemeinen Landesgewichts angegeben. Die Rostocker Commerzlast betrug 9000 Pfund, die Rostocker Roggenlast nur 6000 Pfund. 170 Lasten zu 9000 Pfund hätten 255 Rostokker Roggenlasten entsprochen, andererseits ergaben sich die 206,5 Commerzlasten zu 6000 Pfund aus einer Neuvermessung mit rheinländischem Maß nach der ab 1. Juli 1867 gültigen Methode. Unter dem Aspekt, daß die erste Vermessung der Alt Mecklenburg nach einem ab 1838 angewendeten Verfahren erfolgte, und vor der o. g. Neuvermessung zwischenzeitlich ab 1857 noch eine andere Methode angewandt wurde, kann das Ergebnis der Tragfähigkeit in Tonnen aus den angegebenen Lasten nur als Richtwert angesehen werden. Zur Ungenauigkeit und Unterschiedlichkeit der Vermessungsverfahren kamen, wie bereits gesagt, noch die individuellen Einflüsse durch den Vermesser und nicht zuletzt Differenzen aus den verschiedenen Maß- und Gewichtseinheiten. Aus diesen Gründen wurde zum Vergleich die Zunahme der Verdrängung zwischen Leertiefgang und Maximaltiefgang des beladenen Schiffes (senkrechte Zuladung 2,52 m) bei den o. g. Hauptabmessungen und unter Berücksichtigung von Völligkeitsgraden einiger Rostocker Barken zu 721,5 m^3 errechnet. Das entspricht einer Tragfähigkeit von 739,5 t und ist gleich 255 Lasten, wenn die Last mit ca. 55 Kubikfuß (Stockholmer Maß) bzw. auf Seewasser bezogen mit ca. 2900 kg gerechnet wird.

Ein Pfund Landesgewicht wurde mit 0,4847 kg und somit 6000 Pfund = 2908,2 kg gerechnet. Eine Gegenüberstellung der 255 Lasten zur späteren Vermessung mit 473 Registertonnen ergibt ein Verhältnis von 1:1,85 und liegt etwas unter den für Rostocker Segler üblichen Werten, wobei der Einfluß des Quarterdecks eine Rolle gespielt haben wird. Die Umrechnung der 473 RT in m^3 (eine Registertonne entspricht 100 Kubikfuß = 2,832 m^3) ergibt ein Volumen von 1340 m^3. Zur Kontrolle des Rauminhalts des Schiffskörpers wurde auch eine überschlägliche Berechnung dieser Größe durchgeführt und die Übereinstimmung mit dem Entwurf festgestellt.

Die technischen Daten des Linienrißentwurfs der ALT MECKLENBURG lauten:

Länge in der Wasserlinie	41,66 m
Breite auf Spant	9,06 m
Tiefgang bei 0,5 L über Oberkante Sponung	4,60 m
max. Tiefgang	5,20 m
Verdrängung	1137,20 m^3
Deplacement	1232,50 t
Tragfähigkeit	739,50 t
L/B	4,60
B/T	1,97
Hauptspantfläche	37,50 m^2
Fläche der Wasserlinie bei max. Tiefgang	321,00 m^2
Völligkeitsgrad der Verdrängung (δ)	0,65
Völligkeitsgrad des Hauptspantes (β)	0,90
Völligkeitsgrad der Wasserlinie (α)	0,85
Schlankheitsgrad (ψ)	3,89
Lage des Verdrängungsschwerpunktes unter der WL	1,90 m
Lage des Verdrängungsschwerpunktes vor 1/2 L	0,65 m

Von diesen Daten fällt der für Rostocker Segler der damaligen Zeit ungewöhnlich große L-B-Wert von 4,6 auf (Klipper 5,0). Auch der Völligkeitsgrad ist unter Berücksichtigung des L/B-Verhältnisses für dieses relativ lange Schiff noch sehr niedrig, denn bei gleichem Formverlauf von Vor- und Achterschiff und gleichem Hauptspantquerschnitt hätte ein Vergleichsschiff mit einem L/B-Wert von 3,6 sogar nur einen Völligkeitsgrad von 0,6! Das zeigt, daß man beim Entwurf der ALT MECKLENBURG dem Trend der Zeit gefolgt ist und durch Vergrößerung der Schiffslänge bei annähernd gleicher Rumpfform den Vorteil der Zunahme von Tragfähigkeit und Stabilität genutzt hat.

Als Grundlage für den prinzipiellen Aufbau des Segelrisses dienten das o.g. Gemälde und die Auswertung einiger Originalsegelrisse Rostocker Schiffe des gleichen Bauzeitraumes von der Werft Otto Ludewig & Sohn. Die Dimensionen und Abstände der Masten, Stengen, Rahen sowie die Segel, das stehende und laufende Gut und viele Einzelheiten der Takelung wurden nach den Angaben von Steinhaus »Die Schiffbaukunst in ihrem ganzen Umfange« von 1858 errechnet und mit den vorhandenen Originalen verglichen. Auch die Stabilitätsuntersuchung nach Middendorf »Bemastung und Takelung der Schiffe« (1903) wurde zur Kontrolle der Daten und Zeichnungen durchgeführt. Steinhaus ging davon aus, daß nur solche Segel in die Berechnung einbezogen werden, die am meisten in Gebrauch sind, und zwar bei Fregattschiffen das Besansegel, die beiden Untersegel, die drei Marssegel, die drei Bramsegel, das Stagsegel und der Klüver, insgesamt 918,4 m^2. Middendorf schließt nur alle Stagsegel, Flieger und das Bagiensegel von der Rechnung aus, daraus ergibt sich eine Segelfläche von 994,5 m^2.

Richtwerte für die Segelfläche von Vollschiffen:

27 bis 32 x Hauptspantfläche	1012,5 bis 1200,0 m^2
3 bis 4 x Wasserlinienfläche	963,0 bis 1284,0 m^2
max. 6 x Lateralfläche unter der Wasserlinie	1316,0 m^2

Segelflächen:	
Klüversegel	113,1 m^2
Segel am Fockmast	334,8 m^2
Segel am Großmast	387,8 m^2
Segel am Kreuzmast	285,9 m^2
Stagsegel	116,4 m^2
Gesamtsegelfläche	1238,0 m^2
Leesegel	368,0 m^2
Lage des Segelschwerpunktes über der Wasserlinie	14,75 m
Lage des Segelschwerpunktes vor dem Verdrängungsschwerpunkt	1,40 m

Bemerkenswert am Rigg der ALT MECKLENBURG war der klipperähnliche Zuschnitt als relativ hochgetakeltes Vollschiff, zu dem auch das Großskysegel beitrug. Die ungeteilten Marssegel und die recht breiten Untersegel entsprachen aber mehr dem älteren Frachtseglertyp. An den Unterrahen wurden bereits Bügelracks verwendet, um beim Anbrassen der Rahen besser von den Unterwanten freizukommen. Auf dem Gemälde scheinen die Unterrahen zu tief angesetzt zu sein, die Marssegel sind gerefft. Eine Auswertung des Gemäldes in bezug auf die Ausrüstung des Schiffes läßt einige Fragen offen. Die ALT MECKLENBURG hatte danach eine niedrige, offene und fast bis zum Fockmast reichende Back, auf der sich ein Gangspill befand. Da von einem Pumpspill (Ankerspill) nichts zu sehen ist, muß es sich wie bei anderen Seglern der damaligen Zeit am Ende der Back auf dem Hauptdeck befunden haben und auch vom Backdeck aus bewegt worden sein. Zwischen Fock- und Großmast befanden sich ein Deckshaus (Kombüse) und der Standort für das große Boot. Auf dem Quarterdeck stand vor dem Kreuzmast ein Gangspill. Vom Hauptdeck zum Quarterdeck führten zwei seitlich angeordnete Treppen. Alle anderen auf dem Gemälde nicht sichtbaren bzw. nicht dargestellten Einzelheiten, wie Ruderstand, Luken, Oberlicht, Pumpen, Mastbetinge usw., wurden bei der Rekonstruktion nach Zeichnungen vergleichbarer Schiffe ergänzt.

Der Rumpf der ALT MECKLENBURG soll trotz der finanziellen Schwierigkeiten beim Bau des Schiffes für das spätere Einsatzgebiet in der *Langen Fahrt* mit Kupferbeschlag versehen gewesen sein. Der Beschlag mußte mindestens bis zu zwei Dritteln der Seitenhöhe reichen und die kupferfeste Verbolzung der Beplankung noch etwa 30 cm darüber. Farbgebung des Schiffsanstrichs, Führung der Flaggen und weitere Einzelheiten sind den Angaben aus Text und Zeichnungen zu entnehmen.

Die Alt Mecklenburg im Modell

Seit dem Bestehen dieser Modellbaureihe wurden in verschiedenen Ausgaben mehrere Risse zum Bau von Fregatten herausgegeben. Darunter befinden sich z. B. die frühen russischen Fregatten aus der Zeit Peter I. Peter und Paul und Heiliger Paul, die kurbrandenburgischen Fregatten Friedrich Wilhelm zu Pferde, Berlin und Roter Löwe sowie die zu Hamburg gehörende Konvoifregatte Wappen von Hamburg. Sie alle hatten eine Gemeinsamkeit, sie waren Kriegsschiffe. Dieser Umstand beeinflußte im wesentlichen ihr Aussehen sowie ihre Ausrüstung.

Mit der Hedewig Eleonora und der Alt Mecklenburg werden durch die Autoren zwei fregattgetakelte Schiffe als Handelssegler vorgestellt. Die auf dem erstgenannten Schiff vorhandenen 4 Kanonen kleinen Kalibers spielen dabei nur eine untergeordnete Rolle.

Um den Nachbau der Alt Mecklenburg im Modell zu ermöglichen, wurde ein Entwurf im Maßstab gezeichnet. Der zeitliche Abstand von zweiundsiebzig Jahren, in dem die Originale einst an der mecklenburgischen Küste gebaut wurden, dokumentiert gleichzeitig ein Stück Entwicklungsgeschichte dieses Schiffstyps. Im Falle der Alt Mecklenburg existiert ein großformatiges Schiffsporträt im Schifffahrtsmuseum Rostock. Von der Hedewig Eleonora gibt es keinen bildlichen Nachweis.

In der Literatur über den Schiffsmodellbau sind viele Baumethoden und Einzelheiten verschiedener Ausführungen beschrieben worden. Deshalb sollen hier nur einige Hinweise auf die Möglichkeit des Modellbaues in Spantbauweise gegeben werden, da diese Bauart für eine Beplankung des Rumpfes besonders gut geeignet ist und viele Nachteile anderer Bauarten ausschließt.

Die Schiffsverbände für das Modell, wie Kiel, Vor- und Achtersteven, Spanten und Decksbalken, werden aus 5 bis 6 mm dickem Sperrholz hergestellt. Ebenso 2 Längsverbände zur Aussteifung des Rumpfes, die in Höhe des oberen Decks alle Spanten bzw. die aus Spanten und Decksbalken bestehenden Rahmen miteinander verbinden. Zur Kontrolle der Paßgenauigkeit sind alle Teile zuerst ohne Kleber auf einem Hellingbrett zusammenzustekken. Die Anzahl der Spanten soll mindestens 10 betragen, besser ist es jedoch, für die Befestigung der Plankung 15 Spanten vorzusehen. Als Planken sind Leisten aus Erle, Birnbaum oder Ahorn geeignet, sie sind in den lt. Zeichnung angegebenen Abmessungen zu verwenden. Bevor die Planken angebracht werden können, müssen alle Verbände des Rumpfes verleimt sein, der gleichmäßige Formverlauf ist mit Hilfe einer biegsamen Leiste über die Spanten zu kontrollieren. Dazu wird diese Leiste (Strakleiste) so über die Spanten gelegt, wie der spätere Plankenverlauf sein soll und dabei geprüft, ob sie an allen Spanten mit der vollen Fläche anliegt. In diesem Bauzustand ist es noch möglich, kleine Formkorrekturen vorzunehmen.

Gründlichkeit und Geduld sind, wie beim gesamten Modellbau, besonders für diese Arbeit nötig. Die Beplankung wird wechselseitig backbord und steuerbord vom Deck in Richtung Kiel und vom Kiel in Richtung Deck angebracht, so daß sich zuletzt der Rumpf etwas unterhalb der Wasserlinie schließt. Stark gebogene Planken sind vor dem Aufbringen zu dämpfen und erst nach der Trocknung in gebogener Lage am Rumpf mit den Spanten zu verbinden. Auch das Deck soll möglichst beplankt werden, und zwar auf einer 1,5 bis 2 mm dicken Sperrholzunterlage, die vorher auf die Decksbalken aufgebracht wird. Zu diesem Zeitpunkt müssen die Untermasten bereits in Kiel und Deck eingepaßt sein, werden aber vorläufig für den weiteren Bau des Rumpfes wieder herausgenommen. Masten, Stengen, Rahen, Spieren, Bugspriet und Klüverbaum werden aus Holz hergestellt. Es hat sich bewährt, dafür Holz zu spalten und diese Teile aus dem geraden Wuchs zu bauen, um späteres Verziehen, wie es bei schräger Faserrichtung entstehen kann, zu vermeiden. Für alle Holzteile des Originals an Deck und in der Takelung ist unbedingt auch beim Modell Holz zu verwenden und wenn nötig durch Beizen einem Eiche- oder Teakholzton anzupassen. Sobald der Rumpf, einschließlich Deck, Aufbauten und Ausrüstung, fertiggestellt ist, können die kompletten Masten, bestehend aus Untermasten, Stengen, Marsen und Salingen, eingesetzt und befestigt werden. Das stehende Gut wird in einer bestimmten Reihenfolge angebracht und zwar bei den Wanten beginnend, wechselseitig backbord und steuerbord von vorn nach achtern, und für die Stage von unten nach oben. Dabei ist auf eine möglichst gleichmäßige Belastung der einzelnen Teile zu achten und die Stellung der Masten ständig zu kontrollieren. Das gleiche trifft für das laufende Gut und die Stellung der Rahen zu. Beim Modell soll das Tauwerk des stehenden Gutes dunkelbraun und das laufende Gut in einem helleren gelblichgrauen Ton gefärbt sein. Es ist Takelgarn zu verwenden, bei dem der Schlag des Tauwerks noch zu erkennen ist, die Fasern können durch Bienenwachs geglättet werden. Für die Segel ist das Material und die Färbung sorgfältig auszuwählen. Nur dünner, dichtgewebter Stoff mit feinster Struktur ist geeignet. Die Farbe der Segel kann zwischen einem grau-gelblichen Ton oder einem sehr hellen Ockergelb liegen. Auf die Markierung der Segelbahnen durch genähte Streifen oder grobe Nähte ist bei Modellen im Maßstab 1:100 und kleiner zu verzichten, besser ist es, die Nähte der Segelbahnen mit einem harten Bleistift oder grauer Tusche anzudeuten. Werden die Segel – wie an der Rah geborgen – dargestellt, so ist die veränderte Position der Rahen und des laufenden Gutes zu beachten. Sind die Segel aber in ihrer ganzen Fläche sichtbar, so ist ihnen eine der Wirklichkeit nahe kommende Form zu geben, wie sie durch den Druck des Windes hervorgerufen wird.

Zur Kupferung des Schiffsrumpfes ist zu sagen, daß die originalgetreue Ausführung mit kleinen Kupferplatten (Originalgröße: Länge 1,219 m, Breite 0,356 m, für den Kiel 0,610 m) zu den schwierigsten Arbeiten im Schiffsmodellbau zählt und nur bei wenigen Modellen gelungen ist. In Abhängigkeit vom Modellmaßstab ist das Aufkleben dem Aufnageln vorzuziehen, wobei in jedem Falle die Platten in der Reihenfolge vom Achtersteven nach vorn und von unten nach oben aufzubringen sind, so daß die Überlappung nach achtern bzw. nach unten zeigt. Eine andere Methode ist, die Plattenkanten und ihren Verlauf abzukleben und die Flächen mit Kupferbronze zu spritzen. Versuche zum Test der eigenen

Fertigkeiten, zur Auswahl des Klebers, der Farbe usw., die nicht am Modell ausgeführt werden sollten, sind ratsam.

Die Farbgebung der ALT MECKLENBURG ist durch das vorhandene Gemälde in der Sammlung des Rostocker Schiffahrtsmuseums bekannt. Danach hatte der Schiffsrumpf außer der Kupferung einen dunkelbraunen, fast schwarzen Anstrich. In Deckshöhe (über den unteren Rüsten) zog sich ein ockerfarbener Streifen um das ganze Schiff. Im folgenden sind die Bauteile den verschiedenen Farben zugeordnet:

Weiß: Schanzkleid außen, Reling achtern, beide in den Davits hängenden Boote, Schiffsname und Rand des Namenbretts, Bugspriet und innerer Teil des Klüverbaums, Stampfstock, Nock des Klüverbaums, Untermasten, Mars- und Bramsaling, Mars- und Bramtopps, Besanbaum und -gaffel, Unterrahen und Marsrahen, Nocks der übrigen Rahen und Leesegelspieren, Topps der Bramstengen, Blöcke, Beschläge an Masten und Rahen.

Rot: Anker, Rüsten, Püttingeisen, Davits, Schnaumast. (Dazu ist zu sagen, daß diese Farbgebung ungewöhnlich ist und für Anker, Rüsten und Püttingeisen besser ein schwarzer Anstrich und für die Davits weiß zu empfehlen ist, während der Schnaumast holzfarben sein kann.)

Holzfarben: Deck, Deckshaus, das an Deck stehende Boot, Mars- und Bramstengen, der an den Rahen anliegende Teil der Leesegelspieren, Quarterdeckfrontschott, Mastbetinge, Holzteile der Spills.

Schwarz: Stahlteile der Decksausrüstung, Ketten.

Ocker: Innenseite des Schanzkleides.

Die Flaggenführung auf dem Gemälde von M. Reimers mit der blau-weiß-roten Flagge am Fockmast und an der Gaffel sowie den fünf Flaggen als Unterscheidungssignal hat es zwar gegeben, sie ist aber in dieser Zusammenstellung und in der zeitlichen Einordnung mit der Datierung des Bildes 1857 unklar. Das internationale Signalbuch wurde 1857 in England, 1867 in Frankreich und 1870 in Deutschland eingeführt. (Umtakelung der ALT MECKLENBURG zur Bark 1867/68!) Die in Deutschland registrierten Schiffe führten bis 1870 Nummernflaggen. Nach Rahden müßten folgende Flaggen geführt worden sein: im Topp des Fockmastes die Nummernflagge 68. Ab 1870 statt dessen das Rufzeichen MBNR im Kreuztopp und an der Gaffel die schwarz-weiß-rote Nationalflagge, dazu der Antwortwimpel. Für das Modell der ALT MECKLENBURG als Vollschiff käme entweder eine auf dem Gemälde dargestellte Flaggenführung oder eine zweite Variante mit der Nummernflagge im Vortopp, Namenwimpel im Großtopp und der blau-weiß-roten Rostocker Flagge an der Gaffel (auch mit gelber Greifengösch) in Frage.

Anhang

Rostocker Vollschiffe

Name (in Rostock)	Baujahr	Baumat.	Werft	Bemerkungen
HENNY (1861-1865) ex CAIRO ex BLÜCHER (1865-1876)	1841	H	? Medford (Mass.)	624 RT, 1865 Reederei und Name geändert unter Kapitän W. Hinze 1876 von Doboy nach Hull verschollen
ALMA CARR (1859-1871)	1849	H	? Fiume (Österreich)	200 Last, 1871 auf Fahrt von Dalhousie nach Liverpool bei St. Pierre-Miquelon gestrandet
MAY QUEEN (1862-1870)	1853	H	Topsham (Me)	212 Last, 1870 auf Reise von Havanna nach Pensacola vor dem Zielhafen gestrandet
ERNA PAETOW (1860-1861) ex NEUMÜHLEN	1853	H	? Tarrefors	262 Last, 1861 auf Fahrt von Akyab nach Falmouth am Kap der Guten Hoffnung gesunken
MARGARETHE ROESNER (1856-1865) ex PROMETHEUS (1865-1881)	1856	H.	W. Zeltz Rostock	423 RT, 1865 Name geändert 1881 auf Reise von Newcastle nach Danzig bei Rixhöft gestrandet
ALT MECKLENBURG (1856-1872)	1856	H	W. Zeltz Rostock	473 RT, 1872 im Hafen von Manzanillo gestrandet und kondemniert
PLUTO (1891-1893) ex AMINTA	1861	E	Jones, Quiggin & Co. Liverpool	1133 RT, unter Kapitän R. Niemann 1893 auf Reise von Blyth nach Iquique verschollen
URANUS (1882-1887) ex ELLA NORTON	1864	H	P. G. Bradstreet Farmingdall	969 RT, 1887 auf Reise von Hamburg nach Philadelphia bei Delaware Braekwater gestrandet

Name (in Rostock)	Baujahr	Baumat.	Werft	Bemerkungen
ALINE (1879-1888)	1864	H	E. Dreyer Hamburg Reiherstieg	584 RT, 1888 auf Reise von Cardiff nach Bangkok leck in Port Natal eingelaufen, kondemniert und verkauft
NORTHAMPTON (1887-1888)	1866	H	C. Connell & Co. Glasgow	1171 RT, 1888 auf Reise von Cardiff nach Montevideo nach vorangegangener Kollision bei Lundy Island gesunken
POONAH (1895-1902)	1867	E	W. Pile & Co. Sunderland	1173 RT, 1902 nach Egersund verkauft
BEN VOIRLICH (1890-1902)	1873	E	Barclay, Curle & Co. Glasgow	1474 RT, 1902 nach Italien verkauft
ENNERDALE (1891-1901)	1874	E	W. H. Potter & Co. Liverpool	1233 RT, 1901 nach Stavanger verkauft

Eiserne und stählerne Vollschiffe, die an der deutschen Ost- und Nordseeküste gebaut wurden

1. Bremer Schiffbaugesellschaft vorm. H. F. Ulrichs Bremen – Vegesack

Name	Bau-Nr.	Baujahr	Baumat.	BRT	NRT	Reederei
Regulus	83	1877	E	1145	1115	W. A. Fritze & Co.,Bremen
Wega	84	1877	E	1145	1115	W. A. Fritze & Co., Bremen
Arcturus	87	1878	E	1145	1115	W. A. Fritze & Co., Bremen
Antares	88	1878	E	1145	1115	W. A. Fritze & Co., Bremen
Adelaide	92	1881	E	1317	1281	D. H. Wätjen & Co., Bremen
Ursula	111	1885	E	1497	1455	D. H. Wätjen & Co., Bremen
Nixe	114	1886	E	1720	1672	Gildemeister & Ries, Bremen
Drehna	115	1887	E	1504	1462	D. H. Wätjen & Co., Bremen
Neck	116	1888	E	1562	1442	Gildemeister & Ries, Bremen
C. H. Wätjen	182	1889	S	1823	1734	D. H. Wätjen & Co., Bremen
Nereus	183	1889	S	1823	1759	Gildemeister & Ries, Bremen
Nereide	189	1890	S	1823	1732	Gildemeister & Ries, Bremen
Nesaia	191	1891	S	1790	1700	Gildemeister & Ries, Bremen
Alice	193	1891	S	2167	2062	D. H. Wätjen & Co., Bremen
Nymphe	198	1892	S	2190	2067	Gildemeister & Ries, Bremen
D. H. Wätjen	199	1892	S	2196	2079	D. H. Wätjen & Co., Bremen
Chile	202	1893	S	2198	2094	Tiedemann & Co., Bremen
Peru	203	1894	S	2198	2093	Tiedemann & Co., Bremen

2. AG »Weser«, Bremen

Name	Bau-Nr.	Baujahr	Baumat.	BRT	NRT	Reederei
Wilhelmine	140	1875	E	877	842	Actieselskabet P. N. Winther, Nordby (Fanø)
Hermann	141	1875	E	877	?	Actieselskabet P. N. Winther, Nordby (Fanø)
Kaiser Wilhelm	168	1877	E	992	?	?

3. J. C. Tecklenborg, Geestemünde – Bremerhaven

Name	Bau-Nr.	Baujahr	Baumat.	BRT	NRT	Reederei
Najade	65	1888	S	1752	1677	Gildemeister & Ries, Bremen
Parchim	86	1889	S	1808	1714	F. Laeisz, Hamburg
Pera	100	1890	S	1758	1661	F. Laeisz, Hamburg
Rigel	108	1891	S	1938	1879	W. A. Fritze & Co., Bremen
Philadelphia	113	1892	S	1805	1710	J. Wallenstein, Geestemünde
Maipo	121	1893	S	1770	1674	N. H. P. Schuldt, Hamburg
Beethoven	123	1894	S	1789	1687	F. Tecklenborg, Bremen
Grossherzogin Elisabeth		1901	S	1260	720	Deutscher Schulschiff-Verein
Preussen (5-M-Vollschiff)	179	1902	S	5081	4765	F. Laeisz, Hamburg
Schulschiff Deutschland		1927	S	1257		Deutscher Schulschiff-Verein

4. Rickmers Reismühlen, Rhederei & Schiffbau AG, Bremerhaven

Name	Bau-Nr.	Baujahr	Baumat.	BRT	NRT	Reederei
Rickmer Rickmers	89	1896	S	1980	1829	für eigene Rechnung
Erik Rickmers	104	1897	S	2050		für eigene Rechnung
Mabel Rickmers	109	1898	S	2065	1895	für eigene Rechnung

Name	Bau-Nr.	Baujahr	Baumat.	BRT	NRT	Reederei
5. Johann Lange, Bremen – Vegesack						
Siam	330	1889	S	1755	1691	D. Cordes & Co., Bremen
J. W. Wendt (II)	331	1890	S	1813	1740	Siedenburg, Wendt & Co., Bremen
Sirius	335	1891	S	1834	1736	Siedenburg, Wendt & Co., Bremen
Schliemann	343	1892/93	S	1726	1640	D. Cordes & Co., Bremen
6. Blohm & Voss, Hamburg						
Palmyra	66	1889	S	1796	1721	F. Laeisz, Hamburg
Preussen (I)	81	1891	S	1773	1701	F. Laeisz, Hamburg
Susanna	88	1892	S	1989	1909	G. J. H. Siemers, Hamburg
Thekla	89	1892	S	1995	1912	G. J. H. Siemers, Hamburg
Prinzess Eitel Friedrich		1909	S	1566		Deutscher Schulschiff-Verein
7. Reiherstiegwerft, Hamburg						
Prinz Albert	64	1861	E	620	570	R. M. Sloman & Co., Hamburg
Eugenie	123	1865	E	712	656	Actieselskabet »Eugenie«, Sandefjord
Helios	130	1866	E	735		Wachsmuth & Krogmann, Hamburg
Undine	133	1867	E	786	760	Wachsmuth & Krogmann, Hamburg
Helene Donner	138	1867	E	732		Etatsrat Donner, Hamburg
Dorette	172	1868	E	950		P. de Voss & Co., Hamburg
Selene	195	1869	E	950		Wachsmuth & Krogmann, Hamburg
Polynesia	281	1874	E	1070	985	F. Laeisz, Hamburg
Melpomene	296	1876	E	1061	1030	B. Wenke Söhne, Hamburg
Urania	306	1878	E	1121	1092	B. Wenke Söhne, Hamburg
Copernicus	307	1878	E	1235	1212	R. M. Sloman & Co., Hamburg
Kepler	309	1878	E	1235	1193	R. M. Sloman & Co., Hamburg
8. Stettiner AG, Stettin						
Phos		1893	S	1652	ts	
9. AG »Neptun«, Rostock						
Senator Versmann	112	1889	S	1343	1273	A. H. Wappäus, Hamburg
Pampa	125	1891	S	1777	1676	F. Laeisz, Hamburg
Ariadne	127	1891	S	1785	1702	M. G. Amsinck, Hamburg
10. Henry Koch, Lübeck						
Senator Petersen	46	1892	S	1736	1602	A. H. Wappäus, Hamburg
11. Flensburger Schiffbaugesellschaft, Flensburg						
Doris Brodersen	4	1875	E	679	647	Actieselskabet »Nordby«, Nordby (Fanø)
Schiffswerft	9	1877	E	905	867	als Luigia an Luigia Sanguinetti, Spezia
Constance	10	1877	E	1004	978	D. Haye, Brake
Thalia	16	1878	E	1092	1060	Pflugk, Hamburg
Libussa	71	1884	E	1783	1730	als Strasbourg an A. D. Bordes et fils, Dunkerque
Ferdinand Fischer	75	1886	E	1782	1726	A. Bunnemann, Bremen

Viermastvollschiffe unter deutscher Flagge

Name (bei dtsch. Reed.)	Baujahr	Baumat.	Werft	Bemerkungen
FRIEDA (1904-1914) ex COUNTY OF EDINBURGH	1885	E	Barclay, Curle & Co. Glasgow	Reed. A. Witte – Bremen, 2160 BRT/2178 NRT, L: 87,01 m, B: 12,92 m, T: 7,38 m, 1904 angekauft, 1914 an M. Lundquist-Mariehamn, 7. November 1916 bei South Rock an der nordirischen Küste gestrandet
H. BISCHOFF (1889-1900) ex Dampfschiff VILLE DE PARIS	1865 1889	E	Robert Napier & Sons Glasgow	Reed. H. Bischoff & Co. – Bremen, 2776 BRT / 27,08 NRT, L: 108,50 m, B: 13,30 m, T: 8,29 m, 1889 als Dampfschiff angekauft und zum Viermastvollschiff umgebaut, 28. Oktober 1900 auf dem großen Vogelsand gestrandet und auseinandergebrochen
PETER RICKMERS (1889-1908)	1889	S	Russell & Co. Port Glasgow	Reed. Rickmers Reismühlen, Rhederei & Schiffbau AG, 2958 BRT / 2816 NRT, L: 101,19 m, B: 13,51 m, T: 7,72 m. 30. April 1908 mit 117000 Kisten Petroleum an Bord auf Long Island gestrandet und ausgebrannt.

Anmerkung: 1898 kaufte die Hamburger Reederei Knöhr & Burchard Nachflg. in Großbritannien das Viermastvollschiff ELLESMERE (2708 BRT / 2645 NRT) von der Londoner Reederei G. Croshaw. Es kam von Hamburg aus als Viermastbark SCHIFFBEK zum Einsatz. Wann und wo umgetakelt, konnte nicht ermittelt werden. 1917 von Portugal beschlagnahmt, wurde der Viermaster als SANTA MARIA unter portugiesischer Flagge am 4. September 1918 durch ein deutsches U-Boot versenkt.

Fregattschiffe / Vollschiffe als Schulschiffe

Name (Schulschiff von-bis)	Baujahr	Baumat.	Flagge	Bemerkungen
FOUDROYANT (?-stat.) ex TRINCOMALEE	1817	H	GB	1066 BRT, Fregatte aus Teakholz, gebaut in Bombay, bis 1847 - 46 Kanonen, TS The Foudroyant Trust in Portsmouth, ohne Takelage
AJAX (1871-1883)	um 1840	H	Holland	? BRT, ehemalige Korvette, Matroseninstitut Amsterdam
SARATOGA (1867-1907)	1842	H	USA	882 ts, Pennsylvania Nautical School, 1907 abgebrochen
ST. MARYS (1875-1909)	1844	H	USA	958 ts, ehem. Korvette, New York Nautical School
JAMESTOWN (1876-? 1879)	1844	H	USA	985 ts, San Francisco Nautical School, später Hospitalhulk
EUTERPE (1871-1899)	1863	E	GB	1197 ts, Shaw, Savill & Co., 1899 an Alaska Packers Assoc. STAR OF INDIA
SOBRAON (1891-1912) TINGIRA (1912-1928)	1866	K	Australien	2131 ts, Gouvernement New South Wales Royal Australian Navy
CUTTY SARK (1922-1938) ex MARIA DI AMPARO ex FERREIRA ex CUTTY SARK CUTTY SARK (1938-1952)	1869	K	GB	912 ts, Kptn. Dowman in Falmouth Worcester TS Association seit 1952 Museumsschiff
PERO D'ALEMQUER (1896-1913) ex THOMAS STEPHENS	1869	E	Portugal	1507 ts, ehem, brit, Klipper Eigner?
HESPERUS (1890-1899) ex GROSSFÜRSTIN MARIA NIKOLAEVNA (1899-1918)	1873	E	GB Rußland	1777 ts, Devitt & Moore Marineschule Odessa 1918 verkauft – SILVANA

Name (Schulschiff von-bis)	Baujahr	Baumat.	Flagge	Bemerkungen
MEIJI MARU (1874-stat.)	1873	E	Japan	1010 ts Japanische Handelsmarine jetzt auf Land
MACQUARIE (1897-1904) ex MELBOURNE	1875	E	GB	1857 ts, Devitt & Moore 1904 verkauft – FORTUNA, später als Hulk genutzt
HARBINGER (1890-1897)	1876	E	GB	1506 ts, Devitt & Moore 1897 nach Rußland verkauft
DARTFORD (1908-1912) (1918-1920)	1877	E	Neuseeland	1327 ts, Union Steam Ship Companie, 1912 zum Hulk abgetakelt, neu getakelt und wieder in Fahrt
COMTE DE SMET DE NAEYER (II) (1906-1934) ex LINLITHGOWSHIRE ex JEANNIE LANDELS	1877	E	Belgien	1357 ts, Association Maritime Belge, Schiff wurde nur stationär genutzt
ABRAHAM RYDBERG (I) (1879-1911)	1879	H	Schweden	149 ts, Rydberg – Stiftung, ab 1911 – ABRAHAM
ILLAWARRA (1899-1907)	1881	E	GB	1887 ts, Devit & Moore, 1907 verkauft
GEORG STAGE (I) (1882-1905)	1882	E	Dänemark	203 ts, Georg Stage Stiftung, 1905 gesunken 1934 gehoben
ex JOSEPH CONRAD (1934-1939)			USA	Allan Villiers
ex JOSEPH CONRAD (1839-1947)			USA	US-Maritime Commission seit 1947 Museumsschiff
STRONSA (1912-1915)	1882	E	Argentinien	2000 ts, D. Barthe
ex VALKYRIEN (1915-1923)			Dänemark	A. O. Andersen & Co. 1923 abgebrochen
ALMIRANTE SALDANHA (1922-1928) ex MEARIM ex HENRIETTE ex SYLPHIDE ex DOVENBY HALL	1885	E	Brasilien	2066 ts, Brasilian Lloyd Line

Name (Schulschiff von-bis)	Bau-jahr	Bau-mat.	Flagge	Bemerkungen
G.D. KENNEDY (1916-1923) ex DUNBOYNE ex AF CHAPMAN (1923-1937)	1888	E	Schweden	1428 ts, Transatlantic Line, Transatlantic Line, heute Jugendherbergsschiff
GREIF (1924-1927) ex EDOUARD BRUEAU ex WINSCOMBE PARK	1892	S	Deutschland	2228 ts, Vinnen Gebr.
GLENARD (1909-1925)	1893	S	Finnland	1937 ts, Finska Skolskepsrederie, 1914 zur Bark getakelt, 1925 abgebrochen
VINDICATRIX (1921-stat.) ex ARRANMORE	1893	S	GB	1947 ts, Gravesend Sea School, nur stat. Schulschiff
MERSEY (1908-1915)	1894	S	GB	1814 ts, White Star Line 1915 verkauft – TRANSATLANTIC, später DVERGSO
LANDKIRCHEN (1924-1924) ex GLÜCKSTADT ex GLENELVAN	1895	S	Deutschland	1918 BRT, Beulwitz, Dönitz, Witt & Co., auf der ersten Schulreise verloren
NAJADEN (1897-1949)	1897	H	Schweden	350 ts, Königlich schwedische Marine, heute Museumsschiff
PRESIDENTE SARMIENTO (1898-stat.)	1898	E	Argentinien	2850 ts, Kriegsmarine Argentiniens, Dampffregatte, heute Museumsschiff
JARRAMAS (1900-1948)	1900	S	Schweden	350 ts, Königlich schwedische Marine, heute Museumsschiff
GROSSHERZOGIN ELISABETH (1901-1945)	1901	S	Deutschland	1260 ts, Deutscher Schulschiff Verein, 1945 an Frankreich-DUCHESSE ANNE – MUSEUMSSCHIFF
MANHEM (1921-1929) ex GEYSIR ex DAVID D'ANGERS	1901	S	Schweden	2222 ts, Skoleskep Gothenburg

Name (Schulschiff von-bis)	Baujahr	Baumat.	Flagge	Bemerkungen
HAMBURG (1924-1926) ex HENRIETTE ex MARECHAL DE CASTRIES	1901	S	Deûtschland	1973 ts, H. H. Schmidt 1926 kondemniert
OLDENBURG (1923-1927) ex LAENNEC	1902	S	Deutschland	2259 ts, H. H. Schmidt 1927 verkauft
ex OLDENBURG (1927-1930)			Deutschland	Norddeutscher Lloyd 1930 verkauft
ex SUOMEN JOUTSEN (1930-stat.)			Finnland	Finska Skoleskepsredrie
COMTE DE SMET DE NAEYER (I) (1904-1906)	1904	S	Belgien	Association Maritime Belge, 1906 in See verloren
PRINZESS EITEL FRIEDRICH (1909-1918)	1909	S	Deutschland	1566 ts, Deutscher Schulschiff Verein, 1918 an Frankreich
ex COLBERT (1921-1929)			Frankreich	Les Navires Ecoles Francais 1929 verkauft
ex DAR POMORZA (1929-1982)			Polen	Staatliche Seefahrtsschule seit 1982 Museumsschiff
ABRAHAM RYDBERG (II) (1912-1939)	1912	S	Schweden	262 ts, Rydberg Stiftung 1939 verkauft
ex SEVEN SEAS (1939-1945)			USA	US-Coast Guard
CHRISTOFORO COLOMBO (1928-1945)	1928	S	Italien	2787 ts, Kriegsmarine Italien 1945 an Sowjetunion
ex DUNAY (1945-?)			Sowjetunion	Staatliche Seefahrtsschule
SCHULSCHIFF DEUTSCHLAND (1927-stat.)	1927	S	Deutschland / BRD	1257 ts, Deutscher Schulschiff Verein
SØRLANDET (1927-stat.)	1927	S	Norwegen	577 ts, Sørlandets Seilende Skoleskibs Kristiansand
AMERIGO VESPUCCI (1930-i. F.)	1930	S	Italien	3543 ts, Kriegsmarine Italien

Name (Schulschiff von-bis)	Baujahr	Baumat.	Flagge	Bemerkungen
Danmark (1933-i. F.)	1933	S	Dänemark	777 ts, Ministerium für Handel, Seefahrt und Industrie
Georg Stage (II) (1935-i. F.)	1935	S	Dänemark	203 ts, Georg Stage Stiftung
Christian Radich (1937-i. F.)	1937	S	Norwegen	696 ts, Ostlandets Skoleskibs Oslo
Libertad (1956-i. F.)	1956	S	Argentinien	3720 ts, Kriegsmarine Argentiniens
Dar Mlodziezy (1982-i. F.)	1982	S	VR Polen	2946 ts, Staatliche Seefahrtsschule

Fregattschiffe / Vollschiffe als Museumsschiffe

Name (als Museumsschiff)	Baujahr	Baumat.	Werft	Bemerkungen
Constellation (USA)	1797	H	Baltimore	1960 ts, »Star Spangled Banner Flag House Association of Baltimore« in Baltimore, noch voll getakelt, Fregatte
Constitution (USA)	1797	H	Boston	2200 ts, US – Navy, in Boston, noch voll getakelt Fregatte
Unicorn (GB)	1824	H	Marinewerft Chatham	1077 ts, Royal Navy »The Unicorn Preservation Society« in Dundee, Fregatte, z. Zt. Hulk
Charles W. Morgan (USA)	1841	H	T. & Z. Hillmann Fairhavn (Mass.)	313 BRT, »Marine Historical Association Inc. Mystic« in Mystic (Connect.) noch voll getakelt, Walfänger
Edwin Fox (Neuseeland)	1853	H	Sulkeali (indischer Unionsstaat Bengalen)	891 BRT, »Edwin Fox Restoration Society Blenheim« in Picton Somed (Malborough/Neuseeland) ohne Masten und Takelage, Vollschiff
Jylland (Dänemark)	1857-1860	H	Marinewerft Kopenhagen	2450 ts, Nationalmuseum Ebeltoft auf Jütland, überdachter Hulk ohne Masten und Takelage, Dampffregatte
Carrick (GB)	1864	K	W. Pile & Co. Sunderland	791 BRT, RNVR – Club in Glasgow, nur Untermasten, keine Stengen und Takelage, Klipper
Cutty Sark (GB)	1869	K	Scott & Linton Dumbarton	963 BRT, »Cutty Sark Preservation Society London« in Greenwich, noch voll getakelt, Klipper
Meiji Maru (Japan)	1874	E	Rob. Napier Glasgow	1038 BRT, Universität der Handelsmarine, Tokio, Kolbendampfmaschine 1530 PS, Vollschiff-Schulschiff
Falls of Clyde (USA)	1878	E	Russell & Co. Port Glasgow	1809 BRT, Bernice P. Bishop Museum in Honolulu (Hawaii) Viermastvollschiff
Joseph Conrad (USA)	1882	E	Burmeister & Wain Kopenhagen	203 BRT, »Marine Historical Association Inc. Mystic« in Mystic (Connecticut), noch voll getakelt, Vollschiff-Schulschiff
Wavertree (USA)	1885	E	O. Mordaunt & Co. Southampton	2170 BRT, South Street Seaport Museum in New York, Vollschiff

Name (als Museumsschiff)	Bau-jahr	Bau-mat.	Werft	Bemerkungen
BALCLUTHA (USA) ex PACIFIC QUEEN ex STAR OF ALASKA	1886	S	C. Connell & Co. Glasgow	1689 BRT, »San Francisco Maritime Museum Association« in San Francisco, noch voll getakelt, Vollschiff
NAJADEN (Schweden)	1897	H	Königliche Marinewerft Karlskrona	350 ts, Stadt Halmstad an der Nissan, noch voll getakelt, Vollschiff-Schulschiff
PRESIDENTE SARMIENTO (Argentinien)	1897	E	Camell Laird Birkenhead (Liverpool)	2850 ts, »Buque-Museo Fragato ARA PRESIDENTE SARMIENTO« in Buenos Aires, Dampfmaschine 2800 PS, noch voll getakelte Dampffregatte
DAR POMORZA (VR Polen)	1909	S	Blohm & Voss Hamburg	1566 BRT, Staatliche Seefahrtsschule in Gdynia, noch voll getakelt, Vollschiff-Schulschiff

Abkürzungen

Bauj. – Baujahr
Baumat. – Baumaterial
H – Holz
E – Eisen
S – Stahl
K – Kompositbauweise
stat. – stationär
i. F. – in Fahrt
ex – ehemals, vorher
L – Länge
B – Breite
T – Tiefe
Norddt. – Norddeutsch
PSI – Pferdestärken indiziert

Schiffsnamenregister

Literatur- und Quellennachweis

Aufheimer, Hans: *Schiffsbewaffnung von den Anfängen bis zur Mitte des 19. Jahrhunderts.* Rostock 1983
Autorenkollektiv: *Schiffbautechnisches Handbuch.* Berlin 1952

Baasch, E.: *Beiträge zur Geschichte des deutschen Seeschiffbaues und der Schiffbaupolitik.* Hamburg 1899
Baasch, E.: *Hamburgs Handel und Schiffahrt im 17., 18. und 19. Jahrhundert* Heft 3,4 und 5. Hamburg 1909/10
Brix: *Bootsbau.* Berlin 1921

Chapman, F. H. af: *Architectura Navalis Mercatoria.* Rostock 1968

Dudszus, A., Henriot, E., und F. Krumrey: *Das große Buch der Schiffstypen.* Berlin 1983

Eich, L., und J. Wend: *Schiffe auf druckgraphischen Blättern.* Rostock 1980

Grube, E., und G. Richter: *Das große Buch der Windjammer.* Hamburg 1983

Hagedorn, B.: *Die Entwicklung der wichtigsten Schiffstypen bis ins 19. Jahrhundert.* Berlin 1914
Hansen, H. J.: *Die Schiffe der deutschen Flotten 1848 bis 1945.* Oldenburg 1973
Hansen, H. J.: *Von der Schönheit alter Schiffe.* Hamburg 1972
Haws, D.: *Schiffe und Meer.* Bielefeld 1975
Henriot, E.: *Kurzgefaßte illustrierte Geschichte des Schiffbaus.* Rostock 1971
Hölzel, W.: *Klipperschiffe des 19. Jahrhunderts.* Rostock 1976
Höver, O.: *Von der Galiot zum Fünfmaster.* Bremen 1934
Hüllen, A. van: *Schiffbau.* Kiel – Leipzig 1888

Israel, U., und J. Gebauer: *Segelkriegsschiffe.* Berlin 1982

Jobé, J.: *Der Segelschiffe große Zeit.* Lausanne 1973
Johow, Krieger: *Hilfsbuch für den Schiffbau.* Berlin 1910

Klawitter: *Vorlegeblätter für den Schiffbauer.* Berlin 1835
Knight, A. M.: *The United States Navy.* New York 1918
Korth, J. W. D.: *Die Schiffbaukunst.* Berlin 1826
Kroschel, G., und A. L. Evers: *Die Deutsche Flotte 1848 – 1945.* Wilhelmshaven 1962

Lassnig, H.: *Wolgaster Seefahrt und Seehandel zur Zeit der Segelschiffahrt.* (Unveröffentlichtes Manuskript)
Lexow, D.: *Die Rostocker Barken.* Rostock 1983
Lusci, V.: *Der Schiffsmodellbau nach historischen Vorbildern.* Knittlingen 1970

MacGregor, D. R.: *Schnellsegler 1775 – 1875.* Bielefeld 1974
Mechanikus 10/1966
Meyer, J.: *Hamburger Segelschiffe 1795 – 1945.* Norderstedt 1980
Meyers Konversationslexikon 18. Band. Leipzig – Wien 1898
Middendorf: *Bemastung und Takelung der Schiffe.* 1903
Mondfeld, W. zu: *Historische Schiffsmodelle.* München 1977

Neukirchen, H.: *Seemacht im Spiegel der Geschichte.* Berlin 1982

Paasch, E.: *Vom Kiel zum Flaggenknopf.* Antwerpen 1885
Paris, E.: *Linienschiffe des 18. Jahrhunderts.* Rostock 1983
Paris, E.: *Segelkriegsschiffe des 17. Jahrhunderts.* Rostock 1975
Paris, E.: *Souvenirs de Marine.* Magdeburg 1956
Pertes, J.: *Seeatlas.* Gotha 1901

Quinger, W.: *Wappen von Hamburg I.* Rostock 1980

Rabbel, J.: *Rostocker Windjammer.* Rostock 1983
Rahden, H.: *Die Schiffe der Rostocker Handelsflotte 1800 – 1917.* Rostock 1941
Reich, K., und M. Pagel: *Himmelsbesen über weißen Hunden.* Berlin 1981
Rogers, C.: *Schöne alte Segelschiffe.* Bayreuth 1976

Schapiro, L. S.: *Schnelle Schiffe.* Berlin 1985
Schiff und Zeit No. 19. Herford 1984
Steinhaus, C. F.: *Abhandlungen aus dem Gebiete des gesamten Schiffbauwesens.* Hamburg 1899
Steinhaus, C. F.: *Die Schiffbaukunst in ihrem ganzen Umfange.* Hamburg 1858
Steusloff, W.: *Votivschiffe.* Rostock 1981
Szymanski, H.: *Deutsche Segelschiffe.* Berlin 1934

Timm, W.: *Kapitänsbilder.* Rostock 1971

Archivmaterialien
Ratsakte X. 3. f. (betr. Fregattschiff HEDEWIG ELEONORA). STA Wismar
Mecklenburgische Zeitungen 1798, 1801 – 1805. STA Wismar
Hafenein- und ausgangsbücher Wismar 1780 bis 1815. STA Wismar
Königlich schwedische Tribunalsakte S – 43 (betr. Fregattschiff DER JÄGER). STA Wismar
Schiffsregisterakte No. 157 (betr. Vollschiff ALT MECKLENBURG). STA Rostock
Rostocker Zeitung vom 29. September 1856. STA Rostock

Fotonachweis

Staatl. Museum Schwerin: 1
Stadtarchiv Wismar: 2
Stadtarchiv Rostock (P. Franke): 3
Archiv W. Quinger: 4, 16, 19
Holger Strauß Warnemünde: 18
Repros aus: The United States Navy, 1918: 5, 7, 8
Repros aus: Der Segelschiffe große Zeit, 1973: 11, 15
Repros von Hanjo Volster: 6, 9, 10, 12, 13, 14, 17, 20

Figurennachweis

Zeichnungen W. Quinger:
Souvenirs de Marine, Paris, 1962:
Segelkriegsschiffe des 17. Jahrhunderts, 1975:
Deutsche Segelschiffe, Szymanski, 1934:
Die großen Segelschiffe, Laas, 1908:

Abbildungen

Abb. 1 König David, gebaut 1623 in Danzig für die polnische Kriegsflotte, 200 Lasten, 1629–1630 Flaggschiff der Kaiserlichen Flotte in Wismar

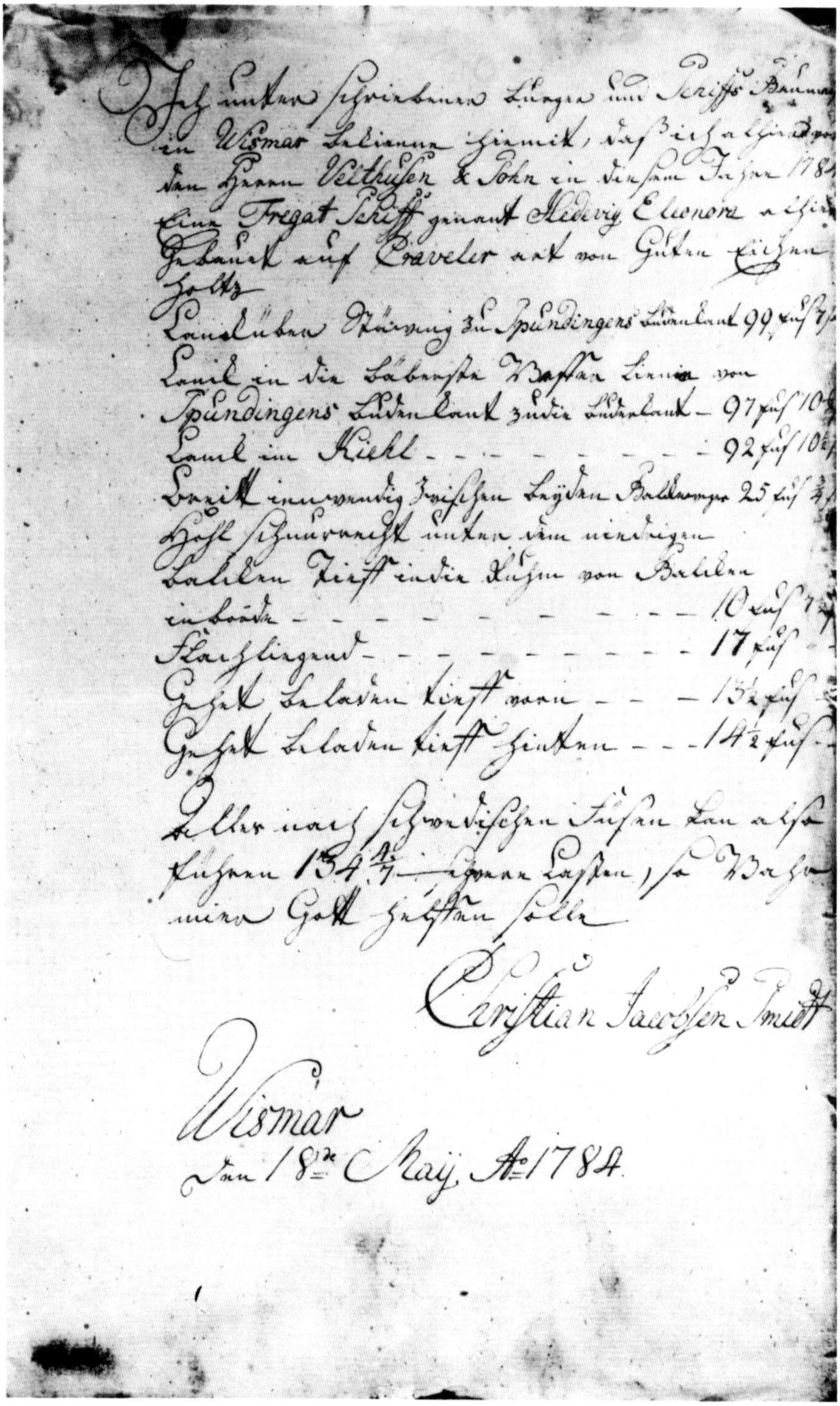
Ich unter schriebener Bürger und Schiffs Baumeister in Wismar bekenne hiermit, daß ich [illegible] den Herrn Velthusen & Sohn in diesem Jahre 1784 einen Fregat Schiff genant Hedevig Eleonora [illegible] gebauet auf Craveler art von guten Eichen Holtz

Lang über Steven zu Spundingens [illegible] 99 fus 7 [illegible]
Lang in die [illegible] Wasser Linie von Spundingens [illegible] – 97 fus 10 [illegible]
Lang im Kiehl – – – – – – – – – 92 fus 10 [illegible]
Breit inwendig zwischen beyden Balkweger 25 fus ¾
Hoch [illegible] unter dem niedrigen Balken [illegible] von Balken in boden – – – – – – – – – – – 10 fus 7 [illegible]
[illegible] – – – – – – – – – 17 fus
Gehet beladen tieft vorn – – – 13½ fus
Gehet beladen tieft hinten – – – 14½ fus

Aller nach schwedischen füssen kan also führen 134 4/7 [illegible] Lasten, so wahr mir Gott helfen solle

Christian Jacobsen Smidt

Wismar den 18ten Maij Ao 1784

Abb. 2 Bielbrief HEDEWIG ELEONORA

Bielbrief für das Fregatt-Schiff
Alt Mecklenburg.

Wir Vor- und Beisitzer im hiesigen Gewettgerichte als die von E. E. Rath dazu deputirten Senatoren machen vor Jedermann wes Hoheit, Würde und Standes er sey, hiedurch bekannt und wissend, daß der hiesige Bürger und Schiffsbaumeister Wilh. Herm. Zeltz bei Nachsuchung eines Bielbriefes für das Fregatt-Schiff Alt Mecklenburg ausgesagt und mit einem körperlichen Eide als wahr bekräftiget hat:

er habe allhier auf der Schiffswerfte für den Rostocker Schiffer Joachim Korff das Fregatt-Schiff Alt Mecklenburg aus tüchtigem und gesundem eichenen Bauholze und Planken mit glatter von tannenen Planken gelegter Decke gewrungenem Spiegel und durchstecken dem Ruder in dem Zeitraume von Jenuar bis October 1856 vom Kiel auf neu erbauet und sey dies Schiff lang im Kiel Hundertein und dreissig Fuß fünf Zoll, messe in seiner größten Breite über der Außenkante der Inhölzer Dreissig Fuß Zoll und in der Höhe vom Garnier bis zur Unterkante des niedrigsten Balkens schnurrecht siebenzehn Fuß vier Zoll. Alles nach Stockholmer Maaße gerechnet.

Dem Gesuche um Ertheilung eines Bielbriefes ist nach also bestätigten Angaben deferirt und ist das somit ertheilte Documentum publicum damit es seine volle Kraft und Gültigkeit habe auf unser Geheiß von dem Gewettssecretair eigenhändig unterschrieben auch mit dem größern Insiegel besiegelt.

So geschehen Rostock, den eilften November achtzehnhundert und sechs und funfzig

Ex speciali commiss. …Jud. Gew. Civit. Rostock subscr. et sub…

[illegible]

Gew. Secr.

Abb. 3 Bielbrief Alt Mecklenburg

Abb. 4 Typisches niederländisches Kriegsschiff (links) und Fleute (rechts)

Abb. 5 Fregatte ALLIANCE um 1780

Abb. 6 Fregatte CHRISTIANSHAVEN, 1798 von den Franzosen gekapert und an Dänemark verkauft

Abb. 7 An Bord einer Fregatte

Abb. 8 Amerikanische Fregatte CONSTITUTION, Batteriedeck

Abb. 9 Fregattschiff CERES ex THE FOUR SISTERS, gebaut 1797 in den USA, 71 Commerzlasten

Abb. 10 Vollschiff SOPHIE ex JENNY, gebaut 1811 in Hamburg von de Porter, 141 Commerzlasten

Abb. 11 SAMBRE, Holländische 40-Kanonen-Fregatte

Abb. 12 La Primera de Cataluna, Vollschiff aus Spanien

Abb. 13 Vollschiff JACOBA CORNELIA CLASINA ex JULIA MARIA, gebaut 1838 von de Hoop, 379 Lasten/717 Tonnen

Abb. 14 Vollschiff ALT MECKLENBURG (Kapitänsbild, Schiffahrtsmuseum Rostock)

Abb. 15 Vollschiff AGENOR

Abb. 16 Vollschiff ENNERDALE, gebaut 1874 in Liverpool
(Kapitänsbild, Schiffahrtsmuseum Rostock)

Abb. 17 Schwedisches Schulschiff JARRAMAS in Wismar

Abb. 18 Dänisches Schulschiff GEORG STAGE (II)

Abb. 19 Kreuzerfregatte GNEISENAU

Abb. 20 Reedereiflotte G. H. Wappäus um 1840, Bildmitte Fregattschiff FLORA